PROVINCE ATTITUDE

MODE D'EMPLOI

Concept : **Bernard Martin**

Collection dirigée par Jean-Loup Chiflet

www.hugoetcie.fr

ISBN : 9782351640715
Dépôt légal : mars 2009

ASTRID THOMINE-DESMAZURES

PROVINCE ATTITUDE

MODE D'EMPLOI

Chiflet&Cie

INTRODUCTION

Ça y est Jean-Pierre a eu sa mutation ! Depuis le temps qu'il nous bassine avec le lac d'Annecy ou la cathédrale de Reims, depuis le temps qu'il vous vante les mérites de Nantes, Lille ou Dijon... Pour Jean-Pierre la vie n'est pas à Paris : elle est partout ailleurs. Pour vous la Province commence à Versailles voire à Issy-les-Moules, pour lui il faut parcourir au minimum deux cents bornes. Il faut dire qu'il a été élevé dans le Morbihan avant de partir dans le Limousin dont il garde un souvenir ému. Pendant qu'il poursuivait ses études à Angers vous fouliez avec délice depuis une vingtaine d'années l'asphalte de la capitale. Il a l'impression que sa jeunesse était saine, il allait à l'école en vélo et il construisait des cabanes dans les bois et vous explique que votre enfance au Jardin d'Acclimatation lui fait vraiment pitié. Il raconte avec nostalgie l'époque où il roulait les tapis avec ses potes en Vendée dans une ambiance bon enfant et ses samedis soir à faire des baby-foot dans les bars locaux. Vous l'écoutez avec bienveillance et de votre côté lorsque vous évoquez la magie des grandes nuits au Jockey-Club ou les mercredis soir aux Planches il trouve ça grotesque et ultra superficiel. Ça ne lui a pas trop plu quand vous avez tranché en disant qu'au final la différence entre Paris et la Province se résume à celle entre une coupe de champagne et une bière ; pourtant c'est tout ce que ça vous évoque… Il vous a répondu qu'il faudrait sortir un peu parce que vos raisonnements à deux balles commençaient à le fatiguer, et que lui la grisaille et les pots d'échappement ça le tue lentement. Il vous assure qu'en Province on respire, on souffle, on vit libre et serein. Sans déconner, ici on suffoque…

Ça fait un moment que vous lui dites non, pas question, et qu'entre Limoges et moi il va falloir choisir, plutôt mourir que d'aller m'enterrer au Mans. La vie en Province c'est un truc que vous ignorez, c'est même un sujet sur lequel, jusque là, vous ne vous êtes pas penchée un seul instant. Mais quitter Paris, c'est devenu la raison de vivre de JP : quand excédée vous secouez Jules qui a roulé dans une énième merde de chien, Jean-Pierre s'écrie plein de bon sens : "Il n'y qu'à Paris où c'est aussi dégueulasse", et quand vous perdez le contrôle de vous-même au péage de Saint-Arnould après huit heures d'embouteillage, il soupire "Quand t'habites Rennes, en une demi-heure tu sautes dans une bouée". Quand son pote Jojo monte à la Capitale et demande à JP ce qu'il fout encore à Paris, JP prend des airs de martyr. Jojo lui explique : "Attends mon vieux, moi, le soir, au lieu d'être comme un con à écouter la météo sur la N118 je sirote des whiskys au coin du feu avec bobonne et Médor (et tu vas rire mon vieux, mais ma cheminée elle fait la taille de ton salon)". Jean-Pierre ponctue les récits de Jojo par un "Quel pied !" et vous demande si vous avez déjà entendu Jojo parler des poutres apparentes de sa baraque. Vous répondez que chez Jojo il fait -12 dans son salon, et que sa femme est aussi large que la cheminée à force de bouffer des galettes pour se réchauffer. Jean-Pierre vous regarde et dit "Ça c'est petit, c'est vrai qu'elle a un gros cul mais elle, au moins, elle sait plumer la bécasse. Et ça la rend beaucoup plus gentille que toi."

Il s'obstine, prêt à tout et un jour où vous baviez devant une mini décapotable garée au pied de l'immeuble il vous a regardée en souriant et, grand seigneur, a promis : "Si on partait, tu aurais la même".

Les signes précurseurs qui doivent vous alerter et vous amener à conclure que Chéri est tenté par la vie de Province :

- **Tous les soirs il peste contre les embouteillages.**
  Phrase type : "Putain ! Deux heures pour faire dix bornes"

- **Au volant il devient violent avec les 75.**
  Phrase type : "Y a vraiment que des cons à Paris"

- **Il manque d'espaces verts.**
  Phrase type : "Y a autant d'enfants que de pigeons dans ce parc..."

- **Il manque d'espace tout court.**
  Phrase type : "Je rêve d'un atelier pour réaliser quelques maquettes de vieux gréements"

- **Il lit les annonces immobilières de Ouest France.**
  Annonce type surlignée au fluo : "Beaucoup de charme pour ce petit manoir 18e, à 35km de Poitiers, 845m^2, 1 200 euros cc."

- **Il achète "Le Point" spécial "Palmarès des villes où il fait bon vivre en France".**
  Titre type : "Reims, sa cathédrale, son histoire et son âme"

- **Dans son boulot il rencontre "Des mecs qui ont quitté Paris et qui sont ravis"**
  Phrase type : "J'ai revu Duschmoll, il est à Grenoble et il skie tous les week-ends"

- **Il pense qu'élever des enfants à Paris c'est criminel.**
  Phrase type : "Quand je pense que les enfants de Duschmoll font de la luge après l'école"

- **Il discute avec le charcutier qui prend sa retraite à la fin de l'année à Brest.**
  Réflexion type : "Tu vois, un mec comme Saucisse, tous les jours il ira à la pêche aux moules."

- **Il vous fait des promesses.**
  Promesse type : "Dès qu'on aura quitté Paris on s'achète un trois mâts."

- **Il devient poète.**
  Phrase type : "Ce sera un souffle nouveau pour nous deux..."

- **Il en vient à dire n'importe quoi.**
  Idée type : "Tu savais qu'à Nevers la durée de vie des gens est supérieure à celle des esquimaux ?"

• Le départ

Vous avez résisté, certes, mais vous avez fini par céder. Jean-Pierre avait des talents de persuasion que vous ignoriez. Sa mutation est une aubaine. Il vous a laissé croire que vous alliez devenir belle, riche et heureuse en Province, il a répété inlassablement : "On vivra beaucoup, beaucoup mieux". Les rumeurs et les témoignages dans les différents magazines que JP collectionne affirment qu'en Province la qualité de la vie est très supérieure à celle de Paris, vous avez entendu parler de la douceur angevine et de l'été indien au sud de la Loire, de l'arrière-saison superbe en Alsace et de Pâques en maillot de bain à Montpellier, vous avez commencé à imaginer comment c'était au-delà du périph' et ça vous a plu. Vous vous êtes vue faire de grandes balades en famille au milieu des champs de blé, des batailles de boules de neige avant d'aller à l'école et des châteaux de sable le dimanche pendant que tous les autres faisaient des tours de poney au Champ de Mars en bouffant de la poussière. JP vous berce d'illusions, finalement la vie de Province a sûrement du bon, vous aviez juste peur de l'inconnu et cela ne vous ressemble pas, vous la grande aventurière que vous avez toujours rêvé d'être…

Peu à peu le principe du salon qui fait chambre-d'amis-bureau-salle-à-manger-salle-de-jeux ne vous a plus suffi et celui du balcon qui fait garage-à-vélos-parking-pour-trottinettes-jardin-potager-fumoir vous est sorti par les trous de nez. Vous vous êtes mise à rêver d'un petit hôtel particulier avec des tomettes et des bouquets frais sur la cheminée, d'un parc arboré avec une balançoire et des meubles de jardin en bois exotique. Vous pensez même que vous serez capable de faire pousser quelques salades, vous imaginez déjà vos plants de roquette et vous téléchargez des recettes de terrines à la batavia. De toute façon vous ne supportez plus ni la concierge qui accuse vos enfants de tuer le ficus à coup de malabars, ni votre ringard de boss : à la moindre de ses réflexions vous pensez tout bas "Toi mon gars dans trois mois je te plante". Des bruits circulent comme quoi votre boîte va déménager en banlieue-est, que votre petit bureau sera sacrifié au prix d'un immense open-space ; ça tombe bien : vous n'auriez pas supporté ni de prendre le RER pour aller bosser ni de travailler le nez collé à l'ordinateur du voisin. Aux enfants vous promettez monts et merveilles et quand ils se roulent par terre en poussant des cris de paon Jean-Pierre affirme que la Province les métamorphosera, et, vous vous surprenez à dire à vos copines "Tu vois, là-bas, mes chiottes, ils feront la taille de ton salon...". Le week-end dernier, vous êtes tous partis en Normandie et il vous a fallu plus de cinq heures pour rejoindre Paris. En couchant les enfants à deux heures du matin vous vous êtes dit plus jamais ça, en montant les valises à pied tandis que Jean-Pierre tournait pour trouver une place vous lui avez donné raison : Paris devient invivable. Votre nounou vous a d'ailleurs annoncé qu'elle se faisait opérer du poignet le mois prochain : c'est parfait elle ira mater la télé à l'hôpital plutôt que chez vous et c'est l'occasion rêvée de la remercier pour ses bons et loyaux services (c'était la quatrième en un an).

Vous rassurez votre bande de potes "Attendez les mecs, ça ne changera rien, en deux heures de TGV je suis là, de toute façon je garde mon dentiste et mon pédiatre, appelez-moi pour prendre un godet". Et comme ils semblent sceptiques vous en rajoutez une couche :"Eh ! les mecs vous me faites doucement marrer ! Deux heures c'est le temps que vous mettez pour sortir de Paris le vendredi soir !"

Dix signes qui montrent que vous êtes mûre pour la Province :

- Vous renoncez aux promenades en forêt de Rambouillet car vous appréhendez la route du retour.
- Vous vous dites que si vous voulez un troisième enfant il faudra transformer la penderie en chambre d'enfants et ça vous rend dingue.
- Vous trouvez que les petits cousins de Bordeaux ont une mine superbe comparée à celle de vos enfants qui ont l'air d'endives.
- Vous avez envie de commettre un attentat chaque fois que vous rentrez dans le métro tellement les gens vous stressent.
- Votre bistrot préféré est "La crêperie des amis" : vous avez l'impression d'être en Bretagne.
- Quand vous allez déjeuner le dimanche à Versailles chez vos copains vous trouvez que c'est vraiment un bon compromis entre Paris et la Province.
- Quand votre copine Gigi vous raconte son exil à Aix, sa maison plein sud et son jacuzzi, ça vous fait baver.
- Vous trouvez Paris la nuit de plus en plus dangereux.
- Le Bon Marché les samedis de soldes vous rend folle.
- Si vous pouviez vous téléporter ? Ce serait dans une grande prairie, avec Pampam et Bambi en arrière-plan.

Dix raisons qui montrent que vous n'êtes pas prête à quitter Paris :

- Vous vous demandez ce que les gens vont foutre à Rambouillet alors qu'au pied de chez vous il y a un square avec Guignol et un manège, sans parler du Luco à quelques stations de bus.
- Si vous aviez un troisième vous mettriez sans problème un canapé-lit dans le salon car en fait le manque de place ne vous a jamais gênée.
- Vous trouvez que les cousins de Bordeaux ont l'air rustiques avec leurs joues rouges et leurs genoux écorchés.
- Pour vous le métro c'est une mine d'informations et le moyen de transport le plus rapide.
- Côté bouffe vous adorez vous faire sur le pouce un japonais, un indien ou un libanais.
- Versailles le dimanche vous rend neurasthénique.
- Quand Gigi vous raconte sa vie à Aix, ses cours d'encadrement et sa salle de bain en teck, vous avez de la peine pour elle.
- Paris by night c'est quand même le pied.
- Le Bon Marché les samedis de soldes vous met en transes.
- Si vous pouviez vous téléporter là, maintenant ? Vous iriez à Tokyo crécher chez Pikatchou.

• Le jour J

La dame de l'agence est venue faire l'état des lieux de votre trois pièces et vous annoncer que "vu l'état des murs et de la moquette" vous pouvez vous brosser pour votre caution, qu'elle n'a encore jamais vu des pièces dans un état pareil, etc… etc… C'est vrai que vous avez eu du mal à rattraper les murs du salon peints à la bougie par les enfants un jour de grande inspiration et JP chuchote qu'à Paris les gens n'aiment pas les enfants. Elle va même essayer de vous entuber de deux cents euros supplémentaires pour la moisissure derrière le radiateur de la salle de bain et chipoter parce que la moquette que vous avez shampooinée est encore humide : JP ajoute qu'en plus ici, les agents sont tous des voleurs. Kéké le déménageur s'est pris le trottoir avec votre petite commode en marqueterie, c'est normal, l'élévateur est tombé en panne et Kéké a failli y passer, vous avez terminé à vingt-et-une heures cette partie de franche rigolade, au lieu de dix-sept heures, c'est normal aussi. Vous avez fait vos adieux au quartier : à Fabienne l'esthéticienne puis à Saucisse, le charcutier, qui vous a offert quelques chipolatas pour le voyage (c'est toujours utile). Au bureau les collègues ont fait péter le mousseux, votre boss vous a offert "Au nom de toute l'équipe !" un bananier et un guide de jardinage. Vous avez fait une grande soirée d'adieux avec tous vos amis et vous avez répété "on reste en contact" jusqu'au bout de la nuit, "on aura une chambre d'amis, on vous attend", ils ont tous promis qu'ils viendraient. Vos copines vous ont prise dans leurs bras avec des "Bon courage !" sincères et un peu désarmants, vous seriez partie au Népal à dos d'âne que ça n'aurait pas été pire.

Et puis vous avez quitté Paris en vous rongeant les ongles de pied, en vous demandant pendant quatre cents bornes : "J'ai raison ou j'ai tort ? J'ai tort ou j'ai raison ?" JP a dit qu'il ne fallait pas stresser, il connaît des mecs qui ont tout plaqué pour aller vendre des cacahuètes à Nouméa, c'est pas quelques centaines de kilomètres qui vont bouleverser votre existence, faut pas exagérer. "Et puis souris ! Tu vas voir comme on va être bien". Il vous réserve une bonne surprise : il aurait trouvé la maison de vos rêves à quelques pas du centre.

A - VOUS ÊTES ARRIVÉS !

Le voyage s'est bien passé, vous avez quand même l'impression que votre vie prend un nouveau tournant, vous trouvez une carte postale de la Tour Eiffel que votre sœur a glissée dans votre sac avec un "Bonne chance ma vieille !" et vous avez bien du mal à ravaler vos larmes. Qui ne tente rien n'a rien, du nerf ! Vous espérez que tout va bien se passer et que le camion de Kéké, qui contient toute votre existence, ne va pas finir dans le fossé. Vous n'auriez jamais dû lui offrir de la bière en fin de journée.

Quand la voiture s'engage dans notre nouvelle rue, un samedi à midi, il n'y a pas âme qui vive. Pas un passant, personne.Vous essayez de vous souvenir si c'est un jour férié et quand vous posez la question à JP il secoue la tête en grommelant "tarée d'chez tarée". Vous êtes un peu déboussolée. Peut-être que vous hallucinez mais il n'y a pas de boutiques en vue, vous tâchez de ne pas céder à la panique. Pas de boutiques, no panique. Heureusement vous apercevez une boulangerie, vous criez "Arrête-toi ! Arrête-toi !!", vous descendez acheter des pains au chocolat pour les enfants et quelques vivres sucrés pour le moral, le prix vous émerveille, et avec un sourire poli vous demandez à la boulangère où est l'Arabe du coin. Elle vous fait répéter : elle ne comprend pas ce que vous cherchez. Mais elle vous demande si vous êtes les Parisiens qui emménagent au 17, elle a tout de suite deviné que c'était vous, elle ne savait plus si vous arriviez cette semaine ou celle d'après ! Vous êtes sidérée et vous annoncez à Jean-Pierre que le KGB a installé son QG dans la boulangerie du quartier.

1 / TOUT LE MONDE DESCEND !

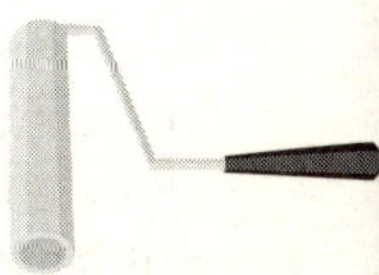

• L'installation dans une maison

Les choses ne s'avèrent pas aussi simples que JP l'avait promis. Vous avez dû renoncer au mythe de l'hôtel particulier en un rien de temps : pour le prix de votre trois pièces vous n'avez rien trouvé dans le centre, et pour le double JP vous a dégoté une petite maison "à cinq minutes" du centre-ville (en fait vous n'avez pas eu le choix) que vous découvrez en même temps que les enfants. Un truc tout en hauteur en meulières, sinistre, avec un papier peint ignoble (le pompon étant le salon jaune-pipi), une chambre d'amis qui ressemble à une cave, un jardin qui s'apparente à un terrain vague exposé plein nord "On sera pas emmerdés si la canicule revient !" a dit JP en apercevant votre mine déconfite et une cuisine tapissée de lino saumon dont les placards ressemblent à ceux d'un camping-car. "T'es contente avec tous ces placards, non ?" vous demande-t-il en voyant votre dégoût quand vous les ouvrez, faut dire que les poignées vous collent aux doigts. La désillusion est de taille… vous regrettez de ne pas avoir eu le courage de visiter des baraques quand vous étiez encore à Paris.

Après un rapide repérage du quartier, vous vous demandez comment faire pour mettre cinq minutes afin d'accéder au centre-ville : il vous en faut dix en voiture et vingt à pied… On vous aurait menti ? Une grosse poubelle verte vous fait des clins d'œil dans le garage et JP vous apprend que vous ferez office de concierge en la sortant deux fois par semaine. Comme vous faites la tronche il vous rappelle qu'une maison rue Bonaparte aurait nécessité le même boulot : sauf que si vous habitiez un hôtel particulier rue Bonaparte vous auriez le personnel nécessaire. Vous osez demander si vous aurez des étrennes pour la nouvelle année : Jean-Pierre soupire en levant les yeux…

La première nuit vous n'avez pas fermé l'œil : il n'y avait pas un bruit. Paris vous a habituée à subir les percussions du quadragénaire dégénéré de l'étage du dessous, les balbutiements au piano de la gamine de droite, le bruit des motos qui quittaient la brasserie d'en face au milieu de la nuit, le ronronnement du premier métro à l'aube et le camion poubelle juste après le premier métro. Ici tout a disparu, le silence vous gêne, vous entendez votre cœur battre et ça vous oppresse. Vous avez une trouille d'enfer, vous réveillez JP pour lui demander de vous accompagner faire pipi. De 65 m^2 à 160 m^2, il n'y a qu'un pas, mais va falloir trouver les bonnes chaussures, pour l'instant ce sont des chaussons dont vous auriez besoin. JP riposte : “ On s'en fout de tes chaussons vas-y pieds nus… ”, hors de question : vous savez qu'une armée d'araignées vous attend au pied des cabinets pour vous bizuter.

En passant d'un soixante-dix mètres carrés à une maison de cent-soixante, il va vous falloir :

- Des mollets d'acier grâce aux escaliers, surtout quand les pièces à vivre sont au milieu de la maison. Plus besoin de faire de la randonnée !

- Une parfaite maîtrise de la serpillère grâce aux deux salles de bain du premier étage tout en carrelage blanc.

- Du souffle quand vous crierez "À table", car votre voix devra porter du premier jusqu'au sous-sol.

- De l'organisation pour descendre le linge, le repasser, le remonter, dispatcher les piles et redescendre les bavoirs sales.

- De l'endurance : de la buanderie il faudra remonter ouvrir au facteur, mais à peine serez-vous redescendue que les Témoins de Jéhova sonneront à leur tour pour vous assaillir de questions débiles, plus besoin de faire le marathon, aux chiottes votre ceinture de musculation électronique !

- Une bonne résistance au froid : "On va quand même pas chauffer TOUTES les pièces !!! hurlera JP en février".

- Une certaine connaissance des insectes volants ou rampants.
- Tout savoir sur le déplacement des masses d'air (porte du jardin ouverte = velux qui claque au premier + bronchite du dernier)
- De l'ingéniosité quand vous tendrez des pièges aux hypothétiques voleurs.
- De l'imagination quand vous entendrez les voleurs tomber dans vos pièges.

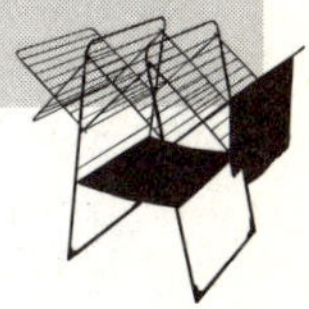

• La rentrée des classes

Depuis deux nuits youpi ! Vous êtes cap' d'aller boire un verre d'eau toute seule. Enfin vous maîtrisez la situation !

Vous avez aussi eu une bonne surprise en inscrivant les enfants à l'école. On vous a accueillie comme une reine. Pas de rendez-vous des mois à l'avance, pas d'inspection du carnet de moyenne section à la loupe, et force est de reconnaître que l'ambiance est nettement plus détendue que dans le quinzième arrondissement où, pour une inscription en petite section, on vous avait répondu que ça se faisait à l'avance sinon “vous pouviez vous garder votre fiston, la liste d'attente étant très longue et les places très très chères, madame”.

La cour de récréation est vingt fois plus grande que celle qui servait de défouloir à votre trésor et les maîtresses sont mille fois plus accessibles et plus gentilles que celles de Paris, dont la seule vocation était de se tirer à seize heures trente tapantes. Les effectifs sont réduits et la classe de Juju aura la vue sur une prairie, c'est primordial pour son équilibre psychique.

Malheureusement vous serez seule le jour de la rentrée : JP vous a laissé une bagnole (qui n'est pas du tout la mini promise) et les clés. Vous pleurnichez "je sais même pas où c'est...", il répond excédé "deuxième à droite, tout droit, au rond-point à gauche et troisième encore à gauche après le Speedy", vous n'osez pas dire que vous n'avez jamais vu de Speedy et quand vous lui rappelez que vous n'avez pas conduit depuis dix ans il lance exaspéré "Bon, c'est quand même pas la Place de l'Étoile, merde !". OK. Vous écrasez et le D Day vous êtes prête vingt minutes à l'avance (pour 1,8 km c'est raisonnable), avec les enfants à l'arrière. Vous les rassurez quitte à en faire des kilos : "Ici les maîtresses sont nettement plus sympas qu'à Paris ! Finie l'affreuse Martine et ses punitions ! Et cette année c'est piscine ou escrime le mardi matin. Les gars, quand vous verrez la taille de la cour de récré : vous comprendrez ce qu'on fait là !!". Et comme vous n'avez pas encore commencé à chercher du boulot (vous sentez qu'au niveau de l'éducation des mouflets une pause s'impose...), vous les prévenez : "Terminée la cantoche tous les jours (va falloir reprendre deux ou trois trucs en main car ils vous font penser à deux labradors quand ils passent à table) et le soir je viendrai vous chercher !", leurs yeux brillent : c'est Noël tous les jours en Province ! Super ! Papa disait vrai.

Mais à peine avez-vous franchi le portail de l'école qu'un monument d'un mètre quatre-vingts vous saute dessus : c'est Polichinelle tout de vichy vêtu qui, les yeux brillants et la bouche barbouillée d'un rouge acidulé, vous tend une large main. "Bonjour ! Béné de Kerfouette ! Il me semble que nous sommes cousines !". Comme vous semblez surprise elle ajoute : "Ma mère est la sœur de la cousine de votre belle-mère !". Ouf ! Ce n'est pas de votre côté ! " Écoute – je me permets de te tutoyer –, je fais un petit café mardi matin, viens à la maison, je te présenterai quelques amies très sympas !" Vous la trouvez charmante, très accueillante, carrément illuminée. Vous vous demandez juste pourquoi elle fait "un" café et non pas "du" café… c'est que vous n'êtes pas au bout de vos surprises. Car le lendemain, vous allez vivre un moment extrêmement important : une étape primordiale de votre adaptation à la vie de Province se jouera à cet instant. Bonne chance !

2 / ON VOUS ATTEND !

• Le premier PETIT café de votre vie

Ingrédients pour faire un café NORMAL :

– une tasse
– de l'eau chaude
– du café en poudre

Ingrédients pour organiser un PETIT café :
– une tasse dont le liseré framboise rappelle la doublure des rideaux
– une petite cuillère en argent (bonus, si armes de la famille gravées)
– du sucre en forme de cœur (ou de sapin, tout dépend de la saison)
– de l'eau chaude qui peut servir aussi pour faire du thé
– café en poudre + jus d'orange + sachets de thé
– une corbeille de viennoiseries chaudes
– un plateau de fondants faits maison
– des clips aux oreilles

Votre cousine (par alliance) Bénédicte, s'est visiblement cassé le cul pour recevoir ses copines, et vu la logistique que nécessite une telle organisation, vous vous demandez à quelle heure elle s'est levée. C'est mieux qu'au Ritz, c'est frais et c'est fait main. Tartelettes à la confiture de mûre, petits fondants au chocolat, croissants chauds, mini chaussons à l'abricot, le tout disposé à la perfection sur des petits napperons brodés : vous vous bâfrez tandis que les copines s'extasient en faisant sauter leurs barrettes écossaises "Oh ! Béné, tu nous épates ! Comment tu trouves le temps avec tes six enfants !". Un morceau de pâte feuilletée reste coincé dans votre gosier : six enfants ?! Elle a six gosses ! Trois fois plus que vous et son canapé est jaune pâle, sans une tache… Béné prend des airs modestes, avoue qu'elle s'est amusée à préparer tout ça hier soir pendant les devoirs de l'aîné, le cours de piano du second, la tétée du troisième et le bain des derniers. Quand on pense que pendant que vous baignez les vôtres, vous avez à peine le temps d'attraper leurs pyjamas, vous restez sans voix. Mais vous êtes bien la seule, la conversation va bon train et tourne autour des différentes activités que les dames entameront cette année. Là encore, vous séchez quand on vous demande ce que vous comptez faire. Vous n'avez jamais réfléchi à la question, vous pensiez vous installer tranquillement et vous occuper des enfants, envoyer trois ou quatre C.V. pour dégoter le mi-temps rêvé, éventuellement vous lancer dans l'œuvre complète de Victor Hugo. Mais qu'est-ce qu'on peut vous proposer de si extraordinaire ? Eh ! bien des après-midi de bricolage chez Anne-Chantal (on fabrique des pêle-mêle, on apprend les rudiments du cartonnage), des cours d'encadrement chez Marie-Sophie ou du scrapbooking chez Clotilde (Béné prononce "chkouaf-boukingue"), et même une "école des Mamans" un machin collectif où l'on partage ses expériences et où on se donne des petits "trucs". Par exemple Lorraine Verruton lave la bouche de ses enfants au savon quand ils ont dit un gros mot (ça risquerait de vous coûter très cher en savon) et Chrystelle Bouzard colle des étoiles sur un panneau quand ses trésors ont commis une bonne action. Tant de choses que vous ignoriez… Mais tandis que vous méditez, les débats d'idées continuent à vive allure et les ragots vont bon train. On se concentre.

On s'offusque des ravages de la méthode globale, on passe en revue tous les drames récents, on s'étonne du divorce de madame Croute et de la rupture d'anévrisme du mari de la boulangère en juillet, on se demande si par hasard la fille des Prouton ne serait pas… en… cloque ? Le fils de Béné l'aurait vue vomir hier matin avant le cours d'anglais et d'après son attitude l'année dernière, elle a manifestement visité tous les fourrés du coin (c'est la grosse dame en kilt qui dit ça), il n'y aurait rien de surprenant. Béné reprend le mot "rien" d'un ton sec en pinçant l'index et le pouce, les pauvres Prouton doivent avoir les oreilles qui sifflent. Après ce que vous venez d'entendre, vous trouvez que les magazines people peuvent se rhabiller. Si jamais vous avez une histoire en réserve qui peut cumuler deux drames (au pire inventez une anecdote sur la prétendue grossesse de Magali Prouton) c'est le moment de la placer : ici, plus c'est sordide et plus on aime ça. Allez on fonce ! Et on marque des points !! Et qui marque des points s'introduit, allez ! Vous en voulez : vous allez en bouffer !!

TEST :
Êtes-vous apte à participer à un PETIT café ?
(Entourez les bonnes réponses)

- Des histoires sordides avec dépression+chômage+ fausse-couche, vous pouvez en raconter : **1 2 3**
- Des autocollants collectors du Pélerinage de Chartres, vous pouvez en présenter : **2 4 6**
- Des pêle-mêle en toile de Jouy, vous en possédez : **1 2 3**
- Des moules en silicone vous en avez : **1 3 10**
- Des bavoirs brodés aux prénoms de vos enfants, vous en avez réalisés : **0 2 5**
- En dix minutes combien de tartelettes au citron êtes-vous capable de préparer ? **20 50 100**
- Pendant combien de temps pouvez-vous vanter la méthode Boscher ? **5mn 10mn 15mn**

Additionnez les chiffres entourés. Le total doit être compris entre 40 et 60.
Au dessus de 65 : vous êtes apte à participer à un PETIT café (et n'oubliez pas vos clips aux oreilles...).

Vous êtes rentrée chez vous accablée, avec un mal de crâne épouvantable, le fait de raconter des conneries pendant deux heures vous avait sonnée. Et pourtant le PETIT café est clairement un rituel ici, puisque vous êtes invitée jeudi matin par la mère de Servane, dans la classe de votre fils aîné, avec qui vous avez copiné une ou deux fois à la sortie de l'école. Il va falloir que vous vous remémoriez tous les détails accablants la petite Prouton et que vous trouviez une réponse digne de ce nom lorsqu'on vous demandera vos projets pour l'année, un nouveau challenge en perspective !

• Le coup de la "visite-surprise"

Deux jours plus tard, alors que vous passiez l'aspirateur en kimono une clope au bec, ça sonne à votre porte. Vous pestez, vous soufflez, d'un coup de talon rageur vous éteignez l'engin et vous ouvrez, prête à mordre ; vous n'aimez pas être dérangée dans de telles conditions et particulièrement quand vous savez que vous n'êtes physiquement pas au top. Vous vous retrouvez nez à nez avec une copine de Béné, Lorraine Verruton, un tromblon aux cheveux gras qui dit qu'elle passait par là. Et comme vous la regardez éberluée, elle vous demande si elle vous dérange, parce que de son côté elle aurait aimé prendre un café avec vous. Lorraine sait que vous venez d'arriver et elle vient vous aider à rompre votre solitude. On prétend que la déco de votre maison est particulière, elle a entendu parler de vos goûts singuliers et comme elle cherche des idées… elle s'est dit… Elle est accompagnée de deux petits binoclards qui s'accrochent à ses cuisses en machouillant des peluches fripées, vous murmurez "Entre je t'en prie" et vous trouvez qu'elle n'a vraiment pas l'air pressé… La curieuse observe tout, trouve que c'est joli chez vous (même si elle aurait plutôt opté pour un rose un peu moins soutenu sur le mur de l'entrée, elle le trouve un peu agressif...) et demande un verre d'eau pour le premier, un morceau de pain pour le second : elle vous exaspère. Elle décide de s'entretenir avec vous des bienfaits de l'aspirateur sans sac et de son amour immodéré pour les rillettes de maquereaux, ça devient chaud...

Sachez que le coup de la visite improvisée, tout à fait hors de propos à Paris, est extrêmement courant en Province. Dès le départ soyez assez claire, évitez de rassurer les encombrantes en leur disant que vous êtes ravie, n'hésitez pas à les éconduire gentiment parce que vous êtes occupée, voire surbookée. Sinon, gare au raz-de-marée de copines pleines de bonnes intentions qui lâcheront leur progéniture dans la chambre de vos enfants, sans se soucier du désordre qu'ils vont y coller ou même des jouets qu'ils vont péter (de leur côté elles s'en cognent, elles achètent les jouets dans les vide-greniers). Sachez aussi que ce genre de filles aurait horreur que vous leur fassiez le coup, elles ne vous offriraient pas un verre d'eau si vous vous pointiez comme ça chez elles. N'ayez donc aucun scrupule.

Idée-cadeau pour Noël : faites-vous offrir un visiophone et un digicode, ça vaut vraiment le coup. Même si vous ne savez pas le brancher, il en fera reculer plus d'une.

• Le grand dîner chez les Glairon

Pour un peu vous pourriez vous prendre pour une star… à croire qu'on vous attendait. Pas plus tard qu'hier vous avez été invitée avec Jean-Pierre à dîner chez des amis d'amis. Informés de votre arrivée ils ont spontanément décroché leur téléphone pour vous convier, vous trouvez ça vachement sympa. Vous notez : samedi 18 octobre dîner chez les Glairon.

"Ding, dong !" vous sonnez, deux petites têtes blondes dont les chaussons sont parfaitement coordonnés aux pyjamas vous ouvrent tandis qu'une voix crie "Entrez ! Entrez !" Mais à peine avez-vous franchi le pas de la porte du salon que votre sang change de couleur : vous avez remonté le temps ! Déjà chez Béné vous aviez un peu eu cette impression mais là c'est flagrant. Les invités sont habillés comme sur les photos des réceptions de vos parents. Tendance donc, pour les nanas, le look sapin de Noël : de grosses boucles d'oreilles assorties à des milliards de colliers et de bracelets de perles, des cols roulés épais et difformes, des jupes aux chevilles, dommage, vous avez oublié l'étoile du berger que vous auriez pu leur coller au sommet du crâne. Leurs maris forment un camaïeu de velours côtelé aux couleurs de l'automne. L'expression d'Odile Glairon "Un dîner entre jeunes ménages" qui vous avait un peu surprise au téléphone, prend désormais tout son sens.

À l'apéro c'est aussi chiadé que chez Béné et cette fois vous devancez tout le monde en apercevant les mini-quiches qui arrivent sur un plateau en argent, vous hurlez "Oh ! La ! La ! Odile, comme vous nous gâtez !!". Ah ! Ah ! Et paf ! Cinquante points de marqués en trois mots, vous laissez les autres dindes sur le carreau, et vous vous rasseyez, ravie. JP est médusé par tant d'aisance. Et c'est reparti avec les thèmes de prédilection de ces dames : cathéchisme, méthode globale, gros mots à l'école, c'est le moment de placer que vous avez mis votre aîné au coin pas plus tard qu'hier parce qu'il a dit "con" à son frère, on secoue la tête à votre droite "Pff... les enfants de nos jours...d'une grossièreté...". Vous avez envie de dire "Parce qu'à ton époque patate tu disais pas "con" à ton frère ?", mais non, vous tenez à faire bonne figure, vous prenez une mine de circonstance et baissez les yeux en fixant vos santiags (qu'est-ce qui vous a pris de mettre des santiags ?). Alors que vous allez passer à table, vous vous apprêtez à vous asseoir mais tout le monde reste debout, en silence. Le moment semble crucial. Odile demande à Patrick "On prend lequel ?", vous vous demandez de quoi ils parlent quand Patoche, recueilli et droit comme un I, entame un Bénédicité qui vous laisse muette. Ce faux-cul de JP fait comme s'il avait l'habitude, il répète les dernières syllabes "gneur" et "pain" tandis que vous vous demandez soudain si vous n'êtes pas filmée et si tous vos potes ne vont pas sortir du bahut Louis XIII en criant "Surprise ! Surprise ! Ah ! Ah ! T'aurais vu ta gueule !!". Mais non. Chignon-Perle, votre voisine d'en face, se prosterne, se signe et là ! Horreur !!

Vous découvrez dans votre assiette une ÉNORME verrine remplie à ras-bord d'une crème blanche et bleue qui mousse un peu… ça sent fort le roquefort et ça pique les yeux, vous savez d'avance que vous ne pourrez pas finir. JP encore une fois, se fait remarquer : il se régale et le répète, il fayote en réclamant à cor et à cris la recette, quant à vous, vous essayez de vous organiser pour gérer chaque cuillère. Vous noyez les bouchées avec des grosses gorgées d'une piquette ultra corrosive. Au bout de trois vous sentez que vous allez vomir, vous implorez du regard JP, vous tapissez les bords de la verrine pour gagner du temps, vous cherchez un chien pour lécher le fond. Mais vous êtes seule. Seule au monde chez les Glairon. L'aventure continue…

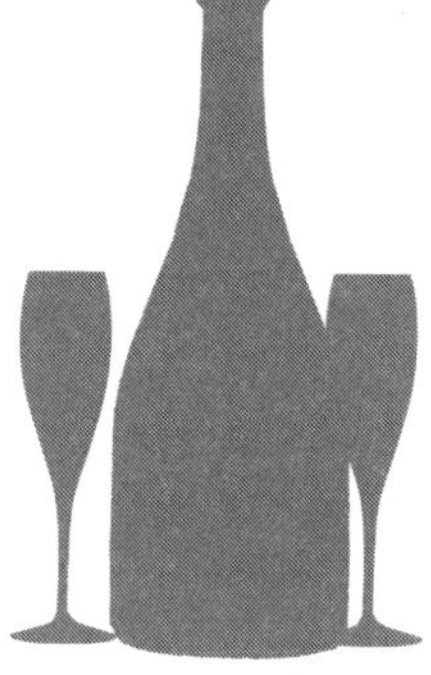

Test spécial "dîner en Province" :
Êtes-vous mûre pour aller dîner chez les Glairon ET pour les recevoir ?

A. Mûre pour aller dîner :

1/ Quand vous allez dîner quelque part, vous arrivez avec :

a. Une bouteille de très bon champagne
b. Une boîte de caramels
c. Un abécédaire fait main

2/ Votre biographie préférée c'est celle de :

b. Chantal Goya
c. Bernadette Soubirous
a. Jean-Paul Sartre

3/ Qu'est-ce que La méthode Billings :

b. Une façon de guérir les verrues
c. Un moyen de contraception
a. Une guide touristique en Écosse

4/ Vous en savez un peu plus que tout le monde sur :

a. L'épisiotomie de Marie-Paule
c. Le suicide du mari de Marie-Paule
b. La façon de faire le taboulé oriental de Marie-Paule

5/ Votre spécialité :

a. Le gâteau au yaourt
b. Le foie gras aux figues cuit au torchon
c. Les papillotes de rouget au boursin

6/ Au dessert, on raconte que la petite Verruton s'est mariée avec un polichinelle dans le tiroir :

b. Ça ne vous étonne pas c'est une petite traînée
a. Vous ne connaissez pas les Verruton
c. Vous le saviez ! C'est la fille du beau-frère de Lorraine Verruton qui vous l'a dit

7/L'art de doubler ses rideaux... :

c. Un sujet qui vous passionne
b. Un sujet qui vous étonne
a. Vous préférez les stores

8/ Qu'est-ce qu'un point de riz-bizh ?

a. Une position de yoga
c. Un point de crochet
b. Un lieu-dit dans le Finistère

9/ L'entrée : une crème de roquefort à l'ail dans des verrines...

a. Vous refusez poliment : le roquefort vous fait gerber
c. Vous suppliez qu'on vous donne la recette
b. Vous terminez mais la vengeance sera terrible

10/ Odile Glairon vous propose d'entrer dans son groupe de prière :

b. 9h00 ? c'est un peu tôt… 20h00 ? c'est un peu tard

a. La prière et vous ça fait deux

c. Génial ! Tu as besoin d'aide ?

B. Mûre pour recevoir les Glairon :

1/ Qu'avez-vous préparé pour l'apéro :

c. Du kir à la crème de cassis

a. De la bière

b. Du jus de papaye bio

2/ Le sujet que vous allez d'emblée aborder :

c. Les problèmes de motricité de votre aîné

b. Les problèmes des lardons trop cuits dans la quiche lorraine

a. La crise que subit l'art contemporain

3/ En entrée vous leur avez mijoté :

a. Vous avez zappé l'entrée ça fait trop chier

b. Une salade de nouilles au thon

c. Un mille-feuilles de crabe au saumon fumé

4/ Si vous étiez une chanson, vous seriez :

c. Les magnolias

b. Ce matin un lapin

a. La bite à Dudu

5/ Madame Glairon est représentante Fléxipax :

c. Génial ! Vous ne cuisinez qu'avec ça…

b. Pfff… vous n'avez plus beaucoup de place dans vos placards…

a. Fléxipax c'est de l'arnaque

6/ Après la farandole des desserts vous proposez :

c. Verveine à volonté

b. Une petite prune

a. La danse des canards

7/ Action ou vérité ! Vous êtes chiche de demander à Patrick Glairon :

c. De faire une imitation de Jacques Chirac

a. De dire son nom en pétant

b. De raconter une histoire drôle

8/ Odile Glairon vous demande ce que vous pensez du collier qu'elle a fabriqué en récupérant de vieux boutons :

a. Très moche, autant lui dire que c'est ridicule

c. Extra ! Où va-t-elle chercher de telles idées ?!!

b. Assorti à sa gueule

9/ Vos enfants viennent dire bonsoir :

b. Ils piquent des cacahuètes et courent se cacher

c. Ils disent "Bonsoir Monsieur" et "Bonsoir Madame"

a. Ils disent "La dame elle a de la moustache" à Odile

10/ En partant vous souhaitez aux Glairon :

b. Une bonne nuit

c. Un bon dimanche

a. Une nuit de folie

Vous avez récolté un maximum de **a.** : NUL

C'est très mal. Vous n'êtes pas en mesure d'être invitée chez les Glairon, encore moins de les recevoir. Vous êtes mal élevée et il n'aurait pas fallu deux secondes à Odile Glairon pour s'en apercevoir. Si vous préférez le Quick à la mousse d'avocat/harengs d'Odile c'est votre problème, mais n'espérez pas être invitée chez eux.

Vous avez récolté un maximum de **b.** : PAS SI NUL

Il va falloir faire quelques efforts, vous êtes faible sur certains points même si on sent que vous y mettez de la bonne volonté. Observez un peu plus les gens autour de vous, organisez un thé ou même une galette des rois : Courage ! Il ne manque pas grand chose.

Vous avez récolté un maximum de **c.** : EXCELLENT

Alors là : Bravo ! Vous êtes sur tous les fronts et ça se voit. Non seulement vous serez réinvitée mais vous êtes désormais en mesure d'organiser des ventes à domicile et des après-midi couture. Dans quelques années la directrice de l'Oratoire ce sera VOUS.

Après le dîner, vous vous levez tous et vous vous dites, qu'après tout, une veillée de prière vous attend peut-être dans la pièce d'à côté, plus rien ne peut vous surprendre. Un mal au cœur persistant vous cloue sur votre chaise, Odile Glairon, la reine des bavaroises, vous a achevée avec son dessert. Pas de panique, elle a tout prévu, la tisane coule à flots. JP se grille tout seul en réclamant une petite prune : 1 partout. Lentement le groupe se divise en deux : les femmes d'un côté, les hommes de l'autre. Ils parlent de la chasse, un des sujets qui vous rase le plus au monde. Coinçée entre deux grenouilles de bénitier qui vous bassinent, vous annoncez que Magali Prouton est enceinte : vous tenez ainsi à leur prouver que vous êtes capable de vous fondre dans le décor. JP vous regarde ahuri, Odile Glairon avance sa mâchoire inférieure, Chignon-Perle renifle : quand elle s'est présentée vous n'aviez pas compris son nom mais Chignon-Perle est la mère de Magali Prouton et c'est évidemment la dernière fois que vous la voyez…

En tout cas, un jour, il faudra que vous écriviez un livre pour raconter tout ça, sinon personne ne vous croira…

• Le cours de peinture sur porcelaine

Vous avez mis du temps à récupérer du dîner et vous commencez à vous inquiéter : vous vous rendez compte que vous vous faites légèrement chier un peu partout. JP trouve que vous êtes particulièrement difficile et que votre esprit critique pervertit vos rapports avec les gens.

Vous misez tout sur le cours de peinture sur porcelaine chez Soizik. C'est une copine de Béné qui vous a collée sur le coup, elle vous promet que vous pourrez rencontrer des filles sympas, piquer de "bons fous-rires entre nénettes" et par la même occasion offrir des cadeaux maison à votre famille (un pichet mexicain pour l'anniversaire de votre sœur par exemple…). Malheureusement le cours n'est pas en ville mais à dix kilomètres : vaillante vous vous lancez dans l'aventure. Après avoir pris la voie express sans rater la sortie, vous vous retrouvez dans une zone pavillonnaire et vous tournez quinze minutes avant de trouver la bonne baraque, elles se ressemblent toutes. Le coin est glauquissime, vous venez de passer une dizaine de ronds-points (décorateur de ronds-points doit être un métier d'avenir ici). Vous ouvrez le portillon, pénétrez dans un petit jardin qui se veut chinois, glissez sur une plante grasse et sonnez. Soizik vous accueille et vous présente le groupe. Mais ce qui vous inquiète ce sont toutes les horreurs éparpillées un peu partout dans la maison, d'atroces petites chinoiseries peintes et exposées par le maître en personne. Vous sortez votre maigre matos : trois pots de pigments et une tasse. “Ouh ! La ! La ! Les tasses c’est pour plus tard, on va commencer par étudier les traits !” s’écrie Soizik. Ça risque d’être fun ! Vous voilà donc en train de faire des traits verts sur un carreau de chiotte blanc en vous demandant comment il faut reprendre la voie express, tandis que toutes les élèves (moyenne d’âge 35-40 ans) racontent leurs accouchements en peignant des merdes, tout en essayant d’épater la galerie avec un éventail de détails sordides. C’est à gerber. “Attends, t’imagine quand même que je suis restée trente-six heures au bloc ! pour finir par une césarienne...” narre votre voisine “NAN ? Trente-six heures !!” s’exclame celle d’en face (qui n’attend que son tour pour donner le coup de grâce). “Ouais et je te laisse imaginer les séquelles psychologiques que ça laisse sur un gamin ! Tu m’étonnes qu’il ait des problèmes de psychomotricité !!”. “Moi j’ai accouché en une heure, pas le temps de poser la péridurale, Marc-Antoine était injoignable et l’épisio... à vif...”. Effet garanti l’épisio à vif. Même vous, vous avez grimacé, avant que Soizik ne vous murmure avec une haleine de nem au crabe “Tes feuilles penchent un peu vers la gauche...” Vous hésitez à lui enfoncer votre pinceau dans les yeux en hurlant “J’en ai rien à foutre de tes traits verts !!”. Mais non, vous n’avez pas quatre ans. Votre voisine continue de peindre des tas de crottes de chien sur un plat en tirant la langue, en vous penchant vous vous rendez compte qu’elle essaye en fait de réaliser des coquillages. “Toi aussi dans quelque temps tu pourras passer à cette étape !" vous dit-elle avec un clin d'œil malicieux.

Au bout de deux heures vous avez fini par inventer une excuse bidon pour vous casser, dans le fond vous savez que vous ne reviendrez jamais. JAMAIS. Et vous vous jurez que toutes ces conneries, c'est définitivement fini. FI-NI.

Quelques inconvénients qui peuvent vous rendre inapte à participer à la PSP (peinture sur porcelaine), encadrement ou scrapbooking.

- Vous avez des problèmes de concentration : rester deux heures les yeux fixés sur un objet vous paraît impossible, ça vous fait loucher.
- Vous êtes maladroite : même un rouleau de peinture, vous avez du mal à l'utiliser.
- Vous êtes une sale égoïste : la vie des autres ne vous intéresse pas.
- Vous êtes misogyne : les ambiances "on-se-dit-tout-entre-copines" vous trouvez ça très pénible.
- Vous êtes myope : les copines et les assiettes vous les voyez floues.
- Vous détestez recevoir des ordres (rapport aux petits traits verts).
- Vous êtes asociale : les ricanements de bonne-femme vous rendent violente.
- Vous êtes méchante : vous riez du malheur des autres.
- Vous êtes plutôt crue : vous oseriez dire à Prune que son plat à tarte est obscène.

B - UNE NOUVELLE VIE

La situation devient critique. Six mois que vous êtes arrivée et on ne peut pas dire que vous ayez vraiment fait “votre trou”. Vous ne le savez pas encore mais c'est normal, il faut en réalité au moins deux ans, parole d'experte. L'hiver n'en finit pas et les journées vous semblent affreusement longues. Vous qui aviez tant rêvé de ce temps que vous ne trouviez pas à Paris, vous en arrivez à vous demander maintenant s'il est indispensable. Et pourtant pleine de bonne volonté, vous avez retapissé le salon, repeint les chambres, décapé le plancher et changé quelques verrous. Le bricolage n'a plus de secrets pour vous. D'ailleurs quand vous avez une perceuse à la main JP vous appelle Tom Raider.

1 / VIE FAMILIALE : LA GALÈRE ?

• Une maison pleine de vie

Vous voilà devenue la bonne de votre mari et de vos enfants, quatre allers-retours par jour à l'école, deux étages à briquer, des machines à faire tourner, un jardin à ratisser et des pommes à ramasser ; vous en venez à regretter les vingt minutes de métro matin et soir que vous aviez pour bouquiner…

À Paris, vous alliez trois à quatre fois par an chercher vos trésors à l'école : c'était jour de fête.

Seule au milieu d'une horde de nounous et de boubous, vos chérubins vous sautaient dans les bras en hurlant des "Maman chérie !!!" qui vous faisaient fondre et culpabiliser. Maintenant c'est à peine s'ils vous regardent, si vous avez oublié le goûter vous avez l'impression qu'ils vont vous casser la gueule. Vous avez voulu jouer les super women, les mères exemplaires, peut-être pour inconsciemment tenter de rattraper le temps où votre nounou gérait une bonne partie de la journée. À présent votre maison est sans arrêt envahie d'enfants. Ce ballet incessant de mioches vous fatigue, les concepts "d'échanges de p'tits loups" vous insupportent. À l'heure du déjeuner, non seulement vous écopez de JP qui rentre un jour sur deux (il trouve ça beaucoup plus sympa et au boulot ils le font tous !), mais en plus les copains de l'école ont compris qu'entre midi et deux c'était tournée de bonbecs et télé à volonté. Tous les jours vous en avez deux de plus. Vous repensez aux petites salades sur le pouce avec les collègues rue de Sèvres, aux debriefings du dernier Delarue devant la machine à café et vous soupirez le nez dans vos croque-dindes. Côté famille c'est sympa, côté bouffe votre seul paysage se résume maintenant à la gazinière et au supermarché local. Vous avez voulu jouer les mères organisées et vous vous êtes foutue dans un plan à la noix au niveau des conduites : le mardi et le vendredi vous raccompagnez de l'école deux épouvantables gamines. L'une vous récite systématiquement pendant tout le trajet la même poésie qui commence par "Pomme, pomme, pomme" (il paraît qu'elle est précoce), tandis que l'autre vous fait la litanie de tous les personnages d'Astérix et Obélix (ce doit être un génie), vous vous sentez esclave de ces conduites qui sont devenues une corvée.

Quand à votre couple on ne peut pas dire que les choses aient vraiment changé. Le mythe du mec qui rentre du boulot à dix-neuf heures le soir en Province est un leurre. En revanche quand il arrive, il vous répète cent fois qu'il est ex-té-nué (par rapport à vous qui n'en glandez plus une de la journée), s'étonne de ne pas trouver un sauté de veau qui mijote et cherche désespérément sa chemise blanche à rayures bleues : "Tu l'as repassée ou pas ? Je ne la trouve pas...". À Paris il y mettait un peu du sien, ici il estime que tout ce qui concerne la maison et les enfants c'est désormais VOTRE boulot. Quand vous lui racontez vos journées il trouve ça assommant, et ça le colle même de mauvais poil de savoir que pendant qu'il bosse, vous bouffez du cake chez des copines. Vous lui rétorquez que vous faites un maximum pour essayer d'avoir une vie sociale correcte et vous vous excusez de prendre autant de bon temps tandis que Monsieur turbine, vous lâchez au passage qu'avant vous aviez un boulot et que, si votre mémoire est bonne, vous l'avez quitté pour le suivre...

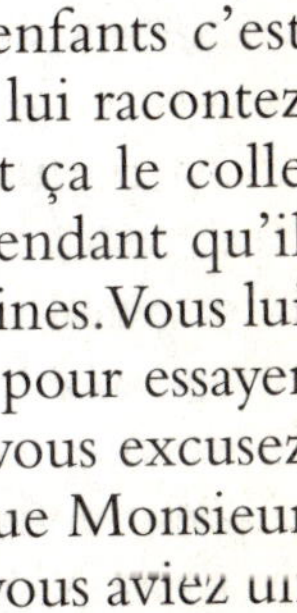

Quelques consignes de survie à imposer pour éviter de mettre votre couple en péril :

- Le lundi et le mardi c'est cantoche pour tout le monde y compris pour Jean-Pierre qui se débrouille avec ses tickets-resto. Pour vous c'est café chez Béné. Mot de passe : "Le café c'est sacré, chez Béné c'est sucré !" (à répéter dix fois de suite très vite)

- Le mercredi c'est de toute façon pourri : ping-pong, caté, judo, piano, foot...

- Le jeudi c'est le jour des invitations, des tâches ménagères et du plein de bouffe au marché. Proverbe du jour : "Qui va au marché, en rapporte les ragots frais".

- Le vendredi vous autorisez JP à partager le menu poisson pané/haricots verts, avant de prendre une pause méritée avec vos nouvelles amies. Maxime du vendredi : "Le café sera salé, on va toutes les dégommer !"

- Et surtout faites comprendre à vos amies que vous n'aimez QUE vos enfants, c'est primordial pour votre santé.

• Le parc et la guerre des clochers

Avant, dans votre vie antérieure entre Sèvres-Bab et Duroc, le mercredi ne représentait rien pour vous. Juste une après-midi pendant laquelle vos enfants pouvaient courir librement dans le petit square d'en face surveillés par votre nounou qui feuilletait consciencieusement *Voici* avec ses copines sur un banc.

Aujourd'hui le mercredi est devenu un calvaire. Comme vous vouliez profiter à fond de la Province et des avantages qu'elle représente pour les enfants, vous les avez inscrits à pas mal d'activités, fière de vos combinaisons horaires : judo-piscine-basket. Fière aussi de pouvoir assumer pleinement votre rôle de mère parfaite, les amener au cours, assister et applaudir à chaque point marqué, venir les chercher avec une petite bouteille d'eau et un goûter, être de celles qui coincent le professeur pendant une demi-heure pour demander si leur trésor a de réelles capacités et s'il ne serait pas préférable qu'il passe dans la catégorie supérieure… De la place pour tous, des tarifs assez compétitifs comparés à ceux de Paris, des mecs capables de prendre vingt minutes de leur temps pour vous expliquer de long en large le programme de l'année, bref vous vous êtes emballée. Sans penser aux trajets et à l'organisation qu'un tel planning nécessitait. Vous vous transformez donc en taxi tôt le matin, après avoir nourri vos enfants au lance-pierre et déposé l'aîné au basket puis le cadet au judo.

À peine sortis ils n'ont qu'une idée en tête : aller au parc. LE parc : THE place to be le mercredi. Ce dernier n'a rien à voir avec celui de votre ancienne rue : vous pouvez rajouter trois zéros à la surface de l'ancien square, multiplier par dix la superficie du bac à sable et surtout, surtout, profiter pleinement de l'ambiance, car ici tout le monde se connaît, et ça marche par petits groupes. C'est la guerre des clans et bien plus encore : c'est la guerre des clochers. Au parc on ne se mélange pas, on se regroupe par paroisses. Les tradis en escarpins plats à droite, les charismatiques en sandales à gauche, les bourgeoises friquées qui font semblant de croire mais dont le cinéma n'échappe à personne au milieu, légèrement exclues. À peine arrivée, Béné vous fait de grands signes avec son métier à broder : elle prépare une collection de torchons de Noël pour sa mère. Ça ne lui pose pas de problème de surveiller ses trois derniers en même temps, ils font sagement de la balançoire près d'elle tandis que les deux vôtres ont déjà opté pour une géante bataille de sable. Une mère de l'école qui vous a reconnue se joint à vous, vous la présentez à Béné : elles se connaissent déjà ! Leurs aînés vont au même atelier liturgique figurez-vous ! Avec le Père Souffrot, un homme ex-tra-or-dinaire, la star locale de ces dames, dont les sermons sont pourtant désapprouvés par le clan opposé. Soudain elles se mettent à agiter leurs bras dans tous les sens en direction du sosie de la Dame de Cœur, qui s'avance rayonnante vers votre banc en tanguant. Béné vous apprend qu'elle est enceinte du quatrième, une bonne nouvelle sachant que l'aîné va fêter ses cinq ans. Trois fois hourrah ! Mais qu'est-ce qu'elles ont toutes ? Vous les trouvez déchaînées et elles entament même une conversation croustillante dont vous ne perdez pas une miette sur leurs modes de contraception. Leur simplicité face au sujet vous met même un peu mal à l'aise, surtout que les moyens naturels qu'elles utilisent (vous saurez tout) sont inefficaces au possible. Comme la nouvelle vous demande combien vous avez d'enfants et que vous répondez deux, elles baissent toutes les yeux un peu embarrassées : vous ne tardez pas à comprendre qu'elles imaginent que vous avez de graves problèmes de santé, la Dame de Cœur bafouille que deux c'est quand même du boulot, Béné acquiesce avec une petite moue en reprenant son point de croix et vous refusez de vous justifier. Vous récupérez vos trésors qui ont semé une sale ambiance partout où ils sont passés en menaçant de tuer toutes les petites filles qu'ils ont croisées, et vous vous tirez, vu que tout ce cinoche commence à vous gaver.

Vous aurez droit à votre place au parc si :

- Vous êtes investie dans la paroisse de votre quartier
- Vous faites votre mayonnaise à la main
- Vous dites "les jeunes" pour parler des gens qui ont entre quinze et vingt-cinq ans
- Le père Souffrot vous a repérée
- Vous êtes au courant que le père Souffrot est en froid avec l'evêque
- Vous savez disserter sur les énormes avantages financiers de la confection de vos propres sorbets
- Vous pouvez discuter avec Béné tout en saluant discrètement le clan d'en face

• Un ami pour la vie

Ça fait deux week-ends qu'à chaque fois que vous passez devant l'ordinateur de Jean-Pierre vous remarquez des photos de chiots. Ça vous rappelle même les posters qui tapissaient la chambre de votre meilleure amie en cinquième. Vous lui avez demandé s'il comptait réaliser les nouveaux calendriers de la Poste, ou participer à un concours du genre, il a bafouillé "non, non"… : il joue les mystérieux. Hier, alors que vous jetiez un coup d'œil intrigué vers l'écran il vous a sollicitée pour savoir ce que vous pensiez des bébés braques, parce que les bébés braques, lui, il trouve ça vraiment mignon. Vous n'en pensez rien, vous le voyez juste venir. Vous dites qu'en tout cas il n'est pas question d'avoir un chien, il rétorque que, lui, petit, quand il habitait le Morbihan, il avait un caniche qui était son confident, que pour les enfants c'est excellent et qu'en Province, un chien c'est bien plus efficace qu'une alarme ou qu'une porte blindée… JP sait vous parler. Cependant, vous lui expliquez que vous comprenez ses rêves, qu'on a déjà réalisé celui de quitter Paris, et qu'on va pas se coller un fil à la patte pendant quinze ans. Que ce sera l'enfer quand on ira à Paris. Hélas quand Jean-Pierre a une idée en tête, vous savez à quel point c'est dur de l'en extraire. Vous tentez de faire taire son pote Jojo, chasseur émérite, qui entretient avec son fox une complicité surnaturelle et qui raconte à Jean-Pierre comment son clébard dégomme tous les chats (ça le fait rire aux larmes). Jojo dit qu'on ne peut pas imaginer comme il est bien le samedi matin, avec son chien, à l'heure où blanchit la campagne. Sur le coup de dix heures ils se partagent un morceau de sauciflard à l'ail au bord de l'étang et rien que pour ça la vie vaut d'être vécue. On se demande ce qu'il fout de sa femme et de ses trois gniards pendant ce temps là, non mais on rêve…

Et puis un matin, JP vous a tendu un piège. Il vous a emmenée dans un élevage qu'il avait soi-disant repéré sur la carte, par "simple curiosité". Il a fait semblant de chercher l'entrée et la sonnette mais à peine entré l'éleveur et sa femme lui serraient la main comme si ils le connaissaient depuis toujours, en lui montrant une portée de chiots. Vous vous êtes retrouvée avec une boule de poils dans les bras qui dans un premier temps, c'est vrai, vous a fait complètement craquer. JP a dit : "Attends, je ne voudrais surtout pas te forcer, c'est à toi de décider". Tout comme vous aviez dit oui pour la Province, vous avez cédé pour le chiot. B-R-A-V-O !

Bien sûr le quadrupède s'est mis à pisser partout, et vous avez découvert le bonheur de skier dans la crotte au petit déjeuner. La bestiole vous a bouffé vos paires de chaussures neuves et déchiqueté votre gilet en peau de lapin, il a vomi les yeux de peluches qu'il avait éventrées et s'est farci la poubelle pleine de coquilles de mollusques vides dès que vous aviez le dos tourné.

Après deux semaines, vous avez remercié JP pour tous ses plans à la con : vous avez dit merci, merci pour tout, pour le taudis mal éclairé dans lequel on vit, pour ses cousines gluantes qui vous pompent l'air avec leur éveil à la foi, pour cette vie de merde et pour ce clébard. Vous avez hurlé "C'est super ! merci Jean-Pierre !" JP vous a regardé ahuri, a dit que vous n'étiez jamais contente et que ça devenait maladif, que parfois même il s'interrogeait sur la nécessité de consulter pour vous. Et comme vous pleuriez à côté du chien, vous l'avez caressé et votre mari en souriant a murmuré :" Je crois que c'est le début d'une grande amitié entre vous deux ".

Cinq raisons pour avoir un chien en Province :

- Ça fait plaisir à Jean-Pierre
- Ça fait fuir les enfants de vos copines
- Ça sert d'aspirateur à coquillettes sous la table
- Ça fait des souvenirs aux enfants
- Ça prévient dès que quelqu'un arrive

Cinq raisons pour ne pas avoir un chien :

- Jean-pierre ne s'occupera jamais du chien
- Ça refroidit les copains qui voulaient vous inviter en week-end
- Ça met des poils partout
- Ça planque les doudous des enfants
- Ça hurle dès qu'un chat passe dans la rue

2 / VIE SOCIALE : LA MISÈRE ?

• Des nouvelles amies et un nouveau langage

OUI. Désormais Odile Glairon, Béné de Kerfouette et Chrystelle Bouzard sont vos nouvelles copines. À tel point que vous vous êtes même fixé comme objectif de parler avec Béné de sa moustache et d'en élucider le mystère avant Pâques. Elles ne sont pas fun mais elles vous permettent d'être moins seule. Vous décidez alors d'organiser un café chez vous pour les remercier de vous avoir si gentiment accueillie en septembre dernier, avec quelques autres têtes qu'on vous a présentées. Vous choisissez une date un peu lointaine (vous avez compris que les choses improvisées terrorisent la ménagère locale) et sans le savoir vous avez opté pour le PIRE jour de la semaine : celui de la grève des maternelles et des garderies… Côté bouffe vous avez acheté des macarons chez Picard et les viennoiseries de la boulangère KGB, excitée comme une puce devant une telle agitation. Quand les copines arrivent elles lâchent leurs enfants dans la chambre des vôtres, vous découvrirez plus tard le château Playmobil éventré, le bac de puzzles renversé et un petit malin qui s'est amusé à écraser du cake au citron sur le parquet. Les jumelles de Nadège ont des tronches ravagées par la varicelle : elles vous dégoûtent, Chrystelle Bouzard change son fils sur votre lit : ça vous écœure, tandis que la dernière de Camilla éparpille un croissant au beurre sur votre nouveau tapis et vous vous retenez pour ne pas lui shooter dedans. Camilla vous explique que c'est la fameuse méthode de "Montsichouri" (sic) qui consiste à laisser les enfants toucher à tout pour qu'ils apprivoisent la Matière. Un concept que vous trouvez vraiment intéressant quand la sale gamine trempe ses mains dans le verre de jus d'orange avant de les essuyer sur vos rideaux. Mais vous êtes obligée de faire bonne figure, vous dites à la petit fille "Viens je vais te laver les mains dans la cuisine" et vous l'entraînez en lui murmurant "Si jamais tu touches encore à un SEUL croissant je t'écrase". Vous revenez dans la conversation, et, pauvre de vous, vous vous livrez un peu. Vous parlez de votre mélancolie et de votre impression d'avoir la vie d'une femme de ménage, le salaire en moins. On vous regarde ahuries ! Vous venez de trahir le club des mamans hyper épanouies !! Camilla vous parle aussitôt des chantiers éducatifs et vous propose, bonne âme, d'y entrer ; Chrystelle évoque les équipes Mère-de-Jésus et vous invite à y participer, "Tu verras c'est sympa on parle de tout entre couples", mais vous avouez franchement que ça vous emmerde. Catastrophe. Le silence se fait autour de vous. La jouer franc-jeu n'est pas forcément la bonne idée. Vous en rajoutez dans les gaffes, vous vous enfoncez, vous êtes en train de vous forger une réputation qui ne vous quittera pas. Vous n'êtes qu'une petite parisienne hautaine et athée, qui préfère bouffer du chocolat sur un transat plutôt que de participer aux débats œcuméniques le jeudi soir chez les Lamouche. On a su que vous permettiez à vos enfants de regarder la télévision tous les jours (votre manque de spiritualité sans doute) et en plus, la cousine de Béné a appris qu'il y a longtemps vous aviez été renvoyée d'un rallye de Province parce que vous vous conduisiez mal. Pour couronner le tout, le week-end dernier à la soirée "détail chic et choc" des Lamouche (qui vous avaient, une fois de plus, gentiment invitée), vous étiez en porte-jarretelles alors que toutes les autres s'étaient mis des carambars en guise de barette.

Après ces dernières révélations une seule conclusion : vous êtes morte. Dead.

5 façons de décliner avec diplomatie, les chantiers éducatifs et autres manifestations proposées par Béné et sa troupe :

- **Inventer d'autres engagements.**
  Genre : "Merci pour l'invitation au chapelet mais je me suis engagée dans un projet très personnel cette année qui me prend beaucoup de temps."

- **Ne pas hésiter à balancer JP (ça lui fait les pieds).**
  Genre : "Pour la réunion Tupperware ça ne va pas être possible, Jean-Pierre m'a dit de faire très attention ce mois-ci, et tu sais comment il est..."
- **Mais montrer que vous êtes un couple uni quand même, avec de vraies valeurs.**
  Genre : "Nous avons énormément discuté avec Jean-Pierre au sujet des "Samedis culturels entre Amis", mais cette année nous avons décidé de nous consacrer exclusivement à nos enfants, qui en ont manifesté le besoin au cours d'une raclette en famille. "
- **Caresser Béné dans le sens des poils de sa moustache**
  Genre : "Merci Béné, tu es une fille formidable et j'admire ton écoute, comme c'est sympa d'avoir pensé à moi, j'aurais adoré participer à tes soirées Quiche-Monopoly du jeudi, mais tous les jeudis mon mari et moi nous réservons nos soirées pour faire le point sur notre couple, c'est un moment privilégié qui nous fait avancer. Nous tenons à respecter ce petit rituel hebdomadaire. "
- **Placer des mots-clés, comme "témoignage", "engagement" etc...**
  Genre : "Quel dommage ! Je ne pourrai pas être parmi vous lundi au "Temps fort des mamans" et partager vos différents témoignages : j'emmène mon chien chez l'orthophoniste."

Surtout ne jamais mentir. Mais ne soyez pas trash non plus, évitez le "Putain !" Béné, tu vieillis mon standing avec ton chapelet !", ça ne la ferait pas rire du tout. Déformez la vérité et modérez vos propos, par exemple au lieu de dire que vous allez au cinoche avec JP, préférez dire que vous "partagez un temps fort avec votre époux". Mais ne racontez pas de pipeau. N'allez pas imaginer de faux dîners, du bénévolat ou des grippes de dernière minute, car tout se sait. Alors attention à ce que vous racontez…

Vous avez découvert qu'ici rien ne se perdait, tout se créait et tout se transformait. Lavoisier avait raison, Lavoisier devait vivre en Province avant d'écrire ses traités : attention ! Il a terminé guillotiné… Vous vous êtes rendu compte avec horreur que la moindre de vos incartades alimentait les ragots locaux. Si on vous a aperçue un peu grippée on pense que vous êtes "complétement déprimée", si on vous voit crier sur le dernier "Monte dans la bagnole ou je t'étripe !" on en déduira que vous êtes "sous médocs", et si votre mari boit un peu trop lors d'un dîner on en conclura "qu'avec une femme sous médocs le pauvre homme se met à boire". Le malheur des uns fait le bonheur des autres en Province : une bonne nouvelle réjouit l'entourage, une mauvaise l'enchante au plus haut point. Du coup vous devenez un peu parano, vous parlez à voix basse, parfois vous vous surprenez à observer votre rue derrière les rideaux pour vérifier que personne ne vous espionne, lorsqu'un soir, vous reconnaissez la femme de l'assureur dans la voiture du pharmacien : le ciel vous tombe sur la tête. Vous changez tout doucement… un jour viendra peut-être où vous aurez, vous aussi, une petite moustache.

Dix phrases à ne plus jamais dire en société :

• **" Passe quand tu veux prendre un café. "**
Explication : vous les attendez n'importe quand.
Interprétation : elles peuvent passer n'importe quand.
Conclusion : vous n'avez plus qu'à plastiquer votre sonnette.

• **" Si tu veux passer avec tes enfants à la maison il n'y a pas de problème. "**

Explication : elles vont toutes venir avec leurs mouflets non scolarisés.
Interprétation : elles vont penser que vous adorez les enfants.
Conclusion : adieu votre tapis neige et votre canapé beige.

• **" Le dimanche ici c'est pire qu'ailleurs. "**
Explication : le dimanche est le jour du Seigneur et de la famille.
Interprétation : si vous n'aimez pas le dimanche vous n'aimez ni Dieu ni votre famille.
Conclusion : vous n'aimez peut-être plus votre mari ou vous avez perdu la foi ?

• **" Il est pas mal le mari de Josette. "**
Explication : on ne regarde ni le mari de Josette ni les autres.
Interprétation : vous avez envie de tromper votre mari.
Conclusion : vous êtes infidèle.

• " J'ai le baby-sitter le plus mignon de la Terre !"
Explication : le baby-sitter a dix-sept ans de moins que vous…
Interprétation : vous matez les petits jeunes.
Conclusion : vous trompez votre mari avec des mineurs.

• " J'ai mal au cœur "
Explication : mal au cœur = nausées.
Interprétation : vous êtes enceinte, dans cinq minutes tout le quartier est au courant.
Conclusion : enceinte oui, mais… de qui ?

• " Marie-Tulipe Grimon ? C'est la grosse en jupe-culotte ?"
Explication : l'habit ne fait pas le moine
Interprétation : pour qui vous vous prenez exactement ?
Conclusion : vous êtes une sorte de pétasse parisienne

• " J'aimerais bien jouer de la batterie. "
Explication : on vous a proposé un panel d'activités, vous tenez vraiment à vous faire remarquer ?
Interprétation : vous préférez les ambiances punk aux thés-rigolos-bricolos chez Béné
Conclusion : en plus d'être une pétasse vous êtes dangereuse

• **" Le jeudi soir je regarde la Nouvelle Star."**
Explication : la télé on l'appelle "l'Adversaire".
Interprétation et conclusion : vous êtes sataniste, on savait que vous étiez dangereuse...

• **"Samedi soir je fais simple : raclette-crumble".**
Explication : en Province on commence par une entrée maison dans des verrines.
Interprétation : vous ne savez pas recevoir.
Conclusion : vous n'êtes plus à un défaut près ?...

• Un nouveau rythme : celui de la limace

Vous êtes en train de réaliser qu'ici en Province vous avez vraiment changé de vitesse. De la cinquième vous êtes passée à la première. Socialement vous avez l'impression qu'ici tout s'est figé, les conventions comme le reste.

Au quotidien, tout vous semble affreusement long et lent.

Vous constatez qu'il est impossible de garder l'anonymat et vous vous en mordez les doigts, cela vous freine dans tous vos élans. Vous vous résolvez même, au bout de quelque temps, à changer de crèmeries tellement il vous est devenu impossible de faire un petit plein de bouffe en dix minutes. Comme les autres vous étiez ravie au début de lancer un "Salut Dédé !" au boucher ou un "Hello ! Hello !" familier à la caissière du Monop. Ce côté village dans les nuages vous dépaysait et vous amusait, désormais il vous faut le double de temps pour faire vos courses. D'abord vous avez croisé Chrystelle Bouzard au rayon cornichons, qui vous demande qui est malade chez vous, tout simplement parce qu'elle a vu des boîtes d'antibiotiques dans la poubelle de tri sélectif, ensuite le boucher vous a parlé de sa fille de dix-huit mois qui dit "chuchu" pour "chaussures" et il vous a fallu un quart d'heure pour obtenir cinq escalopes, et enfin la caissière vous a fait part de son inquiétude quant à la canicule annoncée l'été prochain, rapport à sa mère qui est en maison. La vie des commerçants n'a plus de secrets pour vous. Acheter une baguette de pain vous demande une demi-matinée. Devant vous, la mémé du quartier raconte l'agonie de son bichon pendant une plombe, et quand c'est votre tour, KGB (la boulangère n.d.l.r.) vous entretient de sa haine pour le vent du nord, un problème dont vous vous cognez mais dont il va falloir quand même parler : en Province il est primordial de savoir disserter sur la météo. Même si vous aviez voulu abréger le débat sur le réchauffement climatique, vous auriez tout de même été contrainte de saluer les gens présents dans le magasin. Un bref "b'jour" s'impose ; en Province on prend le temps d'être aimable et il va falloir vous habituer. Ici le degré de tolérance aux caisses est immense. Vous vous souvenez encore avec terreur du jour où vous aviez cherché pendant une minute votre carte bleue à la caisse du Carrefour de la Porte d'Auteuil à Paris, vous aviez ce jour-là frôlé la mort par lapidation. Ici pas la peine de se dépêcher, ce mot a perdu tout son sens.

Vous pouvez désormais sans problème demander dans les magasins une petite recette de filet-mignon au boucher et même parler de la banquise qui est en train de fondre avec la caissière. Étonnant, non ? N'hésitez pas d'ailleurs à en rajouter une couche (d'ozone...) : "J'espère que cette année on aura un vrai hiver...", "Ils annoncent un mois d'août hivernal..." ou encore "On est cinq degrés au-dessus des normales saisonnières..."

Au volant, c'est la même histoire, il est bien inutile ici de faire preuve d'impatience. Même si au feu vert les gens ne démarrent pas, vous évitez de klaxonner. Les premières fois, excédée, vous passiez votre temps à essayer de faire avancer la file de voitures à coup de klaxon. Vous aviez juste réussi à provoquer un mouvement de panique qui en plus vous avait retardée, les gens se demandant la raison d'un tel vacarme : tétanisés par ce bruit qui leur était si peu familier ils freinaient immanquablement et le feu repassait au rouge. Désormais, même s'ils attendent que le rond-point soit libre avant d'y avancer timidement une roue, vous ne hurlez plus "Tu te magnes pépé ou quoi ?!!" car vous savez qu'un arrêt cardiaque avec pompiers viendra briser votre élan. Ici on laisse le temps au temps. Ici, on s'habitue aussi doucement à devenir retraitée. Courtoisie, courtoisie. Vous noterez d'ailleurs que les gens ralentissent lorsque vous vous apprêtez à traverser dans les bandes blanches et ç'est épatant. À Paris vous auriez pu crever sur le trottoir s'il avait fallu attendre qu'on vous laisse passer avec votre poussette double. JP vous avait avertie : les provinciaux sont finalement beaucoup plus civilisés qu'à Paris.

Au feu rouge vous pouvez aussi changer de CD, passer un coup de fil et vous recoiffer même s'il passe au vert, faire la conversation à Béné qui est sur le trottoir ou mettre vos warnings, fumer une clope et redémarrer. Incroyable, non ?

Le dimanche il ne se passe rien, le temps est suspendu. Si vous voulez trouver un peu de vie, il reste la messe et il n'y en a qu'une incontournable, c'est celle de 10h30 dans votre quartier résidentiel et familial, une valeur sûre. L'important c'est d'y être vue (et qui a vu, verra). On y retrouve le gratin local, les habitués de la paroisse et entre autres le fils et la femme du directeur du plus grand groupe de produits laitiers et la famille Glairon au grand complet. Pendant la messe on s'observe, Odile Glairon hausse le sourcil quand vos fils entament une partie de rugby dans le confessionnal, tandis que Béné murmure à l'oreille de son mari en regardant discrètement une femme sur sa gauche "elle est vraiment gonflée de venir avec ce qu'on sait...". La femme du général est parfaite avec ses sept enfants ultra synchronisés, Béné prend des airs de martyre quand elle va communier tandis que son mari s'éclate derrière l'orgue. La sortie de la messe fait partie de ces "must" qu'il ne faut pas rater, c'est un devoir d'y être, au même titre que la soirée des Lamouche. Votre présence obligatoire prouve que vous êtes bien intégrée, socialement convenable et spirituellement normale. On y parle entre couples des projets de vacances à Bénodet ou du Pélerinage des Mères de famille, et bien sûr du prêtre formidable qui va d'ailleurs dîner chez Béné mardi soir : elle est pistonnée la veinarde ! L'ambiance y est bon enfant, l'heure est à l'observation et ce n'est que plus tard, lors d'un PETIT café, que l'on parlera de la jupe ras la touffe et des oreilles percées de la dernière des Patacru. Ne pas y faire bonne figure vous mettrait en marge de cette société qui vous attend au tournant, vous l'aurez compris !

• Un problème de parité

Déjà au dîner des Glairon ça vous avait un peu chiffonnée le coup des mecs d'un côté et des nanas de l'autre. Tandis que JP avait droit à l'exceptionnelle petite prune de Patrick, Odile vous collait d'office une verveine-tilleul sur les genoux sans vous demander votre avis. Si Jean-Pierre avait lui le privilège de s'entretenir avec les autres mâles de la chasse et de la crise financière, vous aviez tout juste celui de comparer le prix de votre kilo de bintjes achetées au marché avec d'autres spécialistes de la patate. Dans les dîners on lui demande ce qu'il fait dans la vie, vous, on part du principe que vous triez vos serpillières par ordre alphabétique, ce qui n'est déjà pas si mal…

Au quotidien votre univers est essentiellement féminin, que ce soit à la sortie de l'école, le matin ou à la supérette locale, vous ne croisez que des nanas. Elles aiment visiblement macérer entre elles puisque même le soir, elles vous suggèrent des plans entre copines. Hier Jean-Pierre est rentré ravi : il est invité à une dégustation de vins entre mecs vendredi soir prochain, ça vous révolte. Il vous dit de ne pas vous inquiéter car tout est prévu pour les femmes : Caro pense encadrer une petite équipe de minettes chez elle pour un cours de cuisine marocaine. Vous protestez et hurlez que vous détestez qu'on organise vos soirées, que Caro son couscous elle peut se le coller où elle veut, et pourquoi pas un cours de repassage synchronisé pendant qu'on y est ? Hein ? Des idées à la con vous aussi vous êtes capable d'en avoir… Il serait temps que les femmes commencent à défendre leurs droits et leurs intérêts ! JP pensait que ça vous ferait plaisir, vous lui balancez que cette petite virée provinciale commence à ressembler à un complot macho, que si il voulait se débarrasser de vous il fallait le dire plus tôt. À ce rythme-là mon gaillard, bobonne va prendre ses cliques et ses claques et se barrer à Paris. Qu'il ne compte pas sur vous pour rentrer dans le système de la cruche qui cuisine avec ses copines triées sur le volet pendant qu'il s'éclate dans la cave de ses potes. Jean-Pierre semble tomber des nues, il désapprouve votre attitude qu'il juge puérile et d'une agressivité injustifiée : il commence à se transformer, le félon… Drapée dans votre dignité, un roman de Simone de Beauvoir entre les mains vous lui lancez "Va, va… allez tire-toi et surtout, n'oublie pas de m'appeler pour passer le balai dans ta cave à vins…".

Quelques signes qui montrent que Chéri ne respecte plus vraiment votre condition de Femme :

• Il associe toutes les femmes qu'il croise au métier de leur mari.
Exemple type : "Comment s'appellait la grosse blonde avec qui on a dîné ? Tu sais, la femme du notaire..."
• Il prévoit des petites activités pour vous.
Phrase type : "Je me suis renseigné auprès de la Mairie : y a des cours de patisserie gratuits tous les lundis soirs."
• Il vous achète de l'électroménager.
Phrase type : "J'ai pensé que tu serais contente de faire toi-même ton pain aux olives."
• Il a oublié que vous aviez bossé longtemps avant de démissionner pour le suivre
Phrase type : "Attends, moi je bosse toute la semaine donc j'aimerais pouvoir dormir le samedi matin."
• Il vous prend des rendez-vous pour les pires corvées.
Rendez-vous type : "Il faudra que tu sois à sept heures au garage jeudi pour faire changer le pare-brise."
• Le bruit de l'aspirateur le week-end le dérange
Réflexion type : "Tu feras ça lundi quand la maison sera vide, non ?"
• Il pense que prendre des cafés est votre seule occupation.
Question type : "C'est chez qui le café ce matin ?"

• L'enfant précoce : l'accessoire indispensable de la bourgeoisie locale

C'est le must-have... Elles l'ont toutes à domicile et si vous désirez une bonne intégration sociale, il vous le faudra. Qu'est-ce qu'un enfant précoce ? Facile : demandez aux Boulard, les pharmaciens, ils en possèdent plusieurs, allez voire Camilla, la femme de l'assureur, elle en bave avec ses deux aînés qui le sont aussi. À croire que c'est contagieux... La première fois que vous vous êtes penchée sur la question, Katy Boulard a tristement souri, comme s'il s'agissait d'un psychodrame. À peine regrettiez-vous d'avoir osé en parler qu'elle vous expliquait, pleine de modestie et la mine déconfite, que deux de ses enfants étaient supérieurement intelligents à tous les autres. La pauvre... Avec humilité elle vous a révélé que c'était génétique (petite, elle se passionnait pour la bio-éthique), elle aurait voulu que vous la plaigniez, vous qui avez la chance d'avoir mis au monde des enfants tout à fait ordinaires (petite, vous connaissiez par cœur le générique de Candy, c'est moins glorieux). Au lieu de ça vous avez tenté d'élucider le mystère de l'enfant précoce et vous l'avez invitée à venir partager votre gâteau au yaourt avec ses petits prodiges. Vous leur avez immédiatement demandé combien faisaient 857 496 x 125 878, ils vous ont regardée comme une idiote, puis vous avez sollicité leur attention en les interrogeant sur le système solaire et les énigmes paléontologiques de notre siècle ; alors les gros malins on sèche ? Ils sont partis jouer aux légos avec vos enfants. Vous en avez conclu que vos enfants étaient sans doute précoces pour que des génies daignent partager un bout de leur aprèm et communiquer avec eux. Camilla a ricané, un enfant précoce ça ne se voit pas comme ça : on le diagnostique. Eh oui ! Au début c'est un enfant qui vous inquiète : il ne tient pas en place, fait beaucoup de bruit, des caprices et surtout, surtout, c'est un enfant qui pose des questions récurrentes. Maman pourquoi l'éternité est-elle éternelle ? demandait chaque soir Raoul à ses parents, pris au dépourvu devant de telles considérations philosophiques. Quand il s'est mis à regarder les DVD de Disney en biélorusse et qu'à cinq ans, il s'est lancé dans des recherches sur la civilisation aztèque, Katy Boulard a su que la chair de sa chair était tout simplement géniale. Le psy l'a confirmé, Raoul Boulard a sauté son CE1 et c'est à cet instant que le cadet, qui avait trois ans de moins, s'est révélé dans l'art de manipuler les casse-têtes chinois. Mais attention ! Il n'y a pas que les petits Boulard et toute famille qui se respecte a son enfant précoce (deux c'est un peu mieux, trois c'est possible) avec un QI exceptionnel et des parents qui se battent pour le droit à la différence de leur flèche cérébrale. Ne vous moquez pas, on pourrait penser que vous êtes un peu jalouse…

Comment faire croire que vous avez un enfant précoce en inventant une contrefaçon de Raoul Boulard :

– Stimulez sa curiosité et fixez un sujet précis. Par exemple achetez des livres sur les dinosaures et débrouillez-vous pour qu'il connaisse par cœur le régime alimentaire de tous les dinosaures.

– S'il n'est pas très bon à l'école, expliquez à la maîtresse que c'est parce qu'il s'ennuie. Reprenez la phrase de Baudelaire : "Ses ailes de géant l'empêchent de marcher..."

– N'hésitez pas à dire qu'il a 145 de QI, personne n'ira vérifier. Que c'est un enfant incroyablement créatif et angoissé, une bombe (à retardement) en mathématiques. Passez sur la table des 3, apprenez-lui celle des 17 et dites ensuite que vous ne comprenez pas son mode de fonctionnement, que cet enfant vous fascine autant qu'il vous déconcerte.

– Justifiez le fait qu'il n'ait pas sauté de classe en disant que le psy a préféré qu'il ait un statut d'enfant "comme les autres" et qu'avec ses dents de lait en sixième et son cartable Spider-Man il aurait été malheureux.

– Plaignez-vous un max : un enfant très doué c'est une vraie plaie.

• Les vacances

Dites-moi où vous passez vos vacances et je vous dirai qui vous êtes… Car ici, comme partout, on ne part pas n'importe où. Et surtout, pas trop loin. L'idéal étant de posséder une maison de famille à quelques kilomètres de l'endroit où vous vivez : pas de risques d'embouteillage, pas de dangers et l'assurance de retrouver la tronche de tous vos voisins, quelques kilomètres plus loin. Si vous n'êtes pas encore propriétaire d'une villa ou d'un chalet, vous louerez alors une maison et, fièrement, vous pourrez dire que vous allez à "la Trin' " la première quinzaine d'août (comprenez La Trinité-sur-Mer) ou à Saint-Jean (de Luz) du quinze au trente. En habitant la Province, sachez que désormais, pour vos vacances, vous avez un crédit de cent cinquante kilomètres maximum pour essayer de vous dépayser. Jean-Pierre est content : il parle avec ironie du temps où vous mettiez sept heures et des poussières pour arriver à destination, il rigole quand il écoute les bouchons sur l'A13 et il adore les histoires des gens qui arrivent à Paris après avoir été une journée bloqués sur la route. De votre côté vous ne seriez pas contre l'idée de partir une semaine à Punta Cana, mais rien que de rejoindre Roissy c'est devenu très compliqué. Et puis JP n'en voit pas l'intérêt maintenant qu'on a la mer à portée de main… Avant, OK, on avait besoin de souffler, maintenant qu'on a quitté le système parisien qui nous empoisonnait l'existence, JP dit "À mort les plans surfaits".

Le but quand on part en vacances n'est pas de changer de décor, au contraire : le but est de reconnaître les Glairon à la messe du dimanche en plein air et la catho-mobile des Kerfouette sur la plage de Proz-ar-Gunak, plage où se retrouvent toutes les bonnes familles l'été. Quelque soit la ville où vous habitez, renseignez-vous sur l'endroit où il faut être pendant les vacances et tâchez d'adopter la bonne conduite.

Par exemple, le matin, inscrivez votre aîné au club de voile, une valeur sûre. Ne cédez pas à son envie d'essayer le toboggan géant du camping des Moules en Bottes, préférez-lui des amis qui s'appellent Côme ou Eloi (qu'il pourra peut-être retrouver aux louveteaux), à Kevin ou Roméo (qui lui auront donné rendez-vous au bal des pompiers). Ne choisissez pas n'importe quelle plage pour pique-niquer, prenez celle qui possède le plus de bikinis en liberty au mètre carré. Ruez-vous sur les Glairon dès la communion avec un "Mais c'est fou de se retrouver là !" comme si vous veniez de traverser la Cordillère des Andes et proposez-vous pour animer le stand du chamboulle-tout à la kermesse de la paroisse. En gros, placez-vous. Et quand vous en aurez chié pendant deux heures dans la cabane à frites, après vous être farci l'animation de la pêche à la ligne, Béné, sous-directrice de l'organisation de la fête de la paroisse de Proz-ar-Gunak, vous lâchera qu'elle est prête à pardonner toutes vos petites bavures et qu'elle vous attend dès la rentrée prochaine dans son groupe de réflexion-éducation.

Cinq détails qui montrent qu'en vacances vous êtes une habituée :

- **Au marché, vous prenez vos cerises chez Roger, au fond de la place à droite.**
  - phrase type : "Ça fait trente ans qu'on prend nos cerises chez Roger".
- **Au club de voile vous appelez le moniteur par son prénom.**
  - phrase type à votre fils : "Gonzague, tu te souviens de Nathalie ! C'est elle qui t'a appris à barrer !"
  - phrase type à Nathalie : "Gonzague nous a parlé de son stage d'Optimiste pendant tout l'hiver !"
- **À la plage vous pouvez passer une heure la main levée à faire coucou à ceux qui arrivent.**
  - phrase type à JP : "Attends je rêve ou c'est les Martin ?"
  - ou encore : "La petite en bleu c'est pas la dernière des Riboulchon ?"
- **Vous avez un planning hyper chargé le soir.**
  - question type à Anne-Priscille : "Tu vas au cocktail des Glairon avant d'aller chez les Riboulchon ?"
- **Vous avez des souvenirs.**
  - phrase type : "C'est sur ce rocher que votre papa m'a dit que j'étais sa Princesse."

• Le choix du quartier

Après quelques mois sur le terrain, vous commencez à vous rendre compte que votre maison n'est pas bien placée. Quand vous expliquez où vous habitez, vos copines froncent les sourcils, elles "ne voient pas très bien" et font des grimaces en disant " Ah ! oui... la rue pas très loin des tours en béton?". À dire vrai votre maison frôle les quartiers où l'on se doit de résider.

Explication : comme partout, il y a ici les bons et les mauvais quartiers (notez qu'un quartier peut se résumer à une avenue et trois rues). D'abord il y a le centre-ville. C'est là que sont les boutiques et les bars un peu sympas, c'est là qu'on va flâner en semaine et chercher des chaussures pour la rentrée. Impossible d'y circuler dans l'anonymat, vous n'avez pas fait trois pas que vous entendez "Hello ! ma belle.", pas moyen d'y respirer ou d'espérer boire un café peinarde à l'ombre d'un yucca. Pas la peine non plus de s'y risquer le lundi matin : tout est fermé ! Bref, en tout cas, tout autour du centre se trouvent différents quartiers, qui ont chacun leurs particularités et bien évidemment, leurs codes sociaux.

Il y a le quartier qui pue, près de la gare. Bourré de gars en treillis qui font la manche et avec autant de piercings que de chiens, ils n'ont pas l'air très méchants, il leur manque plein de dents et on sait qu'ils foutent en l'air tous les champs des paysans du coin avec des rave-parties qui laissent supposer que la Mairie est jeune et dynamique. Bref le quartier de la gare n'a d'intérêt que pour la gare elle-même, qui, ne l'oubliez pas représente pour vous la seule issue de secours.

Vous avez entendu parler d'un quartier vachement sympa, un quartier très “famille”. Traduisez un quartier plein d'enfants, un quartier où la pillule est proscrite, un quartier où tous les aînés vont dans le même rallye. Un rallye vraiment chouette et plein de jeunes gens aux valeurs sûres MAIS dont la réputation tendrait à se dégrader depuis que l'on a découvert quelques malins qui dissimulent de l'alcool dans des petites gourdes de compote de pommes. C'est Béné qui vous a dit ça et vous avez été offusquée par tant d'audace. Vous rêvez même secrètement de rencontrer celui qui a de telles idées de génie. Bref, vous allez convaincre Jean-Pierre qu'il faut déménager et quitter le nid à rats qu'il vous avait déniché. Vous y arrivez car vous avez trouvé la maison de vos rêves, lumineuse et spacieuse, avec des roses plein la façade et pas une pierre en meulière et vous allez devenir propriétaire. Sachez tout de même que ce n'est pas ici que vous allez vous éclater. OK c'est le prix qu'ont payé les Bidule à Paris pour un 80m^2 dans le dix-neuvième, mais gare à la supercherie ! Pas un troquet, une boulangerie tellement loin et tellement mauvaise qu'elle vous ferait acheter une MAP (Machine à pain, petite sotte !), des rues tellement désertes que votre chien pourra chier en toute impunité à l'heure de la sieste, bref un quartier-dortoir, sans bruits et sans histoires... Pas d'inquiétude radio-trottoir fonctionne vingt-quatre heures sur vingt-quatre.

TEST
Êtes-vous prête à habiter "le quartier-famille" ?

1/ Votre pain :

a. Vous aimez aller à la boulangerie en vélo, c'est une balade.

c. Vous achetez vingt baguettes d'un coup que vous congelez.

b. Vous n'aimez que la baguette chaude qui sort du four.

2/ Votre café :

b. C'est un petit noir, bien serré chez Dédé.

c. C'est un moment de convivialité avec Nath et Valou.

a. Vous préférez le thé aux agrumes.

3/ Les nouvelles du jour :

b. Vous lisez le quotidien chez Dédé, avec votre petit noir.

a. Vous parlez météo avec le charcutier.

c. Vous demandez à Nath et Valou le programme télé.

4/ Votre dernier godet :

b. Un demi chez Dédé.

c. Une verveine chez Nath et Benoît.

a. Un verre d'eau gazeuse japonaise.

5/ Horreur ! Il pleut !

c. On enfile nos bottes et on va goûter en chantant chez les Rillon !

b. On avale un Prozac et on va se recoucher !

a. On va tous au cinéma !

6/ Au secours ! La Mairie installe un feu tricolore au pied de votre maison !

b. Vous n'avez plus qu'à déménager.

a. Vous êtes contente car ça met un peu d'ambiance dans la rue.

c. Vous faites signer une pétition par tout le quartier : c'est hyper dangereux pour les enfants !!

7/ Silence rime avec :

a. Méfiance

c. Patience

b. Carence

8/ Un chien aboie dans la rue :

a. Vous vous précipitez à la fenêtre pour voir ce qui se passe.

b. Vous sortez votre carabine à plombs.

c. Ah ! Ça c'est Réglisse ! Le caniche de Madame Raymond.

9/ La dernière rumeur que vous ayez entendue :

b. Il paraît que Bioman est homo.

a. Il paraît que la boulangerie va devenir une agence immobilière.

c. Il paraît que Réglisse a avalé un légo hier et que les pompiers ont débarqué.

10/ Que faites-vous pour la planète ?

a. Du vélo

b. Vous buvez moins d'eau et plus de champagne

c. Vous priez

VERDICT

Si vous avez un maximum de a, vous ne serez pas dans votre élément dans un quartier résidentiel. Vous aimez regarder le rugby dans les pubs et passer au pressing avant d'aller acheter une baguette ? Vous aimez bien entendre un peu d'animation le vendredi soir ? Allez vous installer dans le centre, tout de suite.

Si vous avez un maximum de b, je suis très inquiète pour vous : vous pouvez retourner à Paris parce qu'ici, le petit noir on le prend au comptoir avec tous les pochtrons du coin. Moins vous aurez de dents, mieux ils vous accepteront parmi eux.

Si vous avez un maximum de c c'est gagné !!! Vous êtes mûre pour le quartier résidentiel, vous ferez les conduites avec Valou, vos copines klaxonneront quand elles passeront devant chez vous et vous trouverez ça génial, vous vivrez dans votre quartier avec un esprit de communauté, jamais seule ! Tous ensemble ! Et bonne chance surtout !

• La vente privée de Marion Duval

Jeudi soir à la sortie de l'école on vous a distribué un prospectus "Spécial Fête des Mères". On vous explique que c'est une vente privée dans l'appartement de Marion Duval, (tu vois pas qui c'est ? Une grande brune avec quatre filles, l'aînée s'occupe de la garderie pendant la messe…). Bref, la fameuse dame propose quelques idées pour des cadeaux de la fête des mères, des cadeaux "personnalisés", du genre médailles avec prénom des enfants gravé, ou encore de la passementerie à des prix défiant toute concurrence, ainsi que quelques objets de décoration réalisés par un groupe de copines très artistes (comprenez "manuelles"). À votre grande surprise tout le monde vous demande si vous comptez y aller. Vous sentez une légère pression à ce niveau là, vous vous demandez où est le piège, mais une petite voix vous souffle que vous voyez le mal partout, que vous faites du mauvais esprit, et que si ça se trouve vous allez découvrir la caverne d'Ali-Baba. Vous prenez donc rendez-vous avec d'autres mamans à la date convenue sur le parking de l'école, et vous faites voiture commune avec une bande de petites folles bien décidées à dépenser sans compter, chéquier en poche.

Damned ! C'était un piège !! Hé ! Hé ! Désormais vous voilà prisonnière dans l'appartement de Marion Duval qui, en faisant venir un max de copines, gagnera peut-être de quoi payer son céleri rémoulade hebdomadaire. Marion Duval se prend pour une grande créatrice de mode, elle dit qu'elle est "styliste" à ses heures perdues, elle parle même de ses "collections". En fait elle enfile des perles, ou elle grave sur des médailles en métal argenté des prénoms d'enfants, génial non ? Elle a même quelques copines aux doigts de fée qui vous montrent ce qu'elles savent faire - cartonnage ou broderie- et auprès de qui vous pouvez passer commande. Tout sourire, elles vous expliquent que pour le fond du pêle-mêle on peut choisir ses coloris, que trente-sept euros c'est un prix de braderie (l'année prochaine elles passent à autre chose, elles hésitent entre des cadres-photos ou des sacs à goûter). Et comme vous vous êtes, par pure bonté, intéressée à leurs saloperies, elles ne vous lâchent pas, vous offrent un café et une part de brownie en chuchotant que c'est bon pour le moral (ça y est, vous êtes complices), font un gouzi-gouzi au dernier et attendent. Au passage, elles vous lâchent qu'elles font tout ça au profit d'une œuvre caritative qui soutient les enfants atteints d'une maladie orpheline, mais attention : STL (sens-toi libre) Thérèse !

C'est pas que vous êtes coincée mais c'est tout comme. Vous sentez que vous n'avez pas le choix, qu'est-ce que trente-sept euros pour un enfant qui souffre (sale radine) ? Vous faites donc votre chèque, choisissez un coloris rose, ça fera un cadeau de naissance idéal pour une copine du Chesnay, et vous repartez avec le sentiment de vous être fait entuber. Le mot est faible. À l'autre bout du salon Béné est en transes au milieu de sacs à main en forme d'artichauts et Chrystelle fait graver le prénom de tous ses enfants sur un gros rond doré, elle dit qu'elle peut bien s'offrir ça… Finalement vous finissez même par lui donner le pêle-mêle en liberty parce que vous ne savez pas où vous allez le planquer et que JP risque de hurler s'il le trouve, Béné n'en revient pas, elle vous adore.

Code de bonne conduite si une de vos amies organise une petite vente :

• Y aller.

Ne pas y faire un tour serait interprété comme du boycott.

• Acheter quelque chose.

N'importe quoi mais au moins une chose. Ne rien emporter signifierait que vous avez des oursins dans les poches et du mépris pour le travail des autres.

• Rester.

Au minimum une demi-heure. Passer en coup de vent serait mal vu et considéré comme de la désinvolture sociale.

• Vous extasier.

Feindre le "coup de cœur" pour avoir la paix.

• Demander les coordonnées de la peintre qui réalise les croûtes du fond.

Dites que vous aimeriez passer une commande pour un anniversaire.

TEST
Avez-vous adopté la Province attitude ?

1/ Ce que vous préférez dans les PETITS cafés :

b. Observer les gencives de Lucille Patacru

a. En savoir un peu plus sur le passé "olé olé" de Marion Duval

c. Bouffer gratos

2/ Ce que vous ne feriez jamais :

a. Rater la vente de tuniques brodées d'Amelia Leconte

c. Aller chercher vos enfants seins nus à l'école

b. Prendre un café avec le mari de Béné en pleine journée

3/ Quand vous allez faire des courses, vous dites :

a. Je vais en ville

b. Je vais dans le centre

c. Vous ne dites pas que vous allez faire des courses

4/ Vous croisez Lucille Patacru qui sort de chez l'obstétricien du quartier :

b. Vous appelez Béné pour lui glisser que Lucille était chez le médecin

c. Vous klaxonnez en hurlant "Félicitations !!!"

a. La pôôôôôvre !!! Elle a sûrement fait une fausse-couche...

5/ Si vous étiez un rongeur vous seriez :

a. Un rat qui fait les poubelles
c. Un castor qui fait des barrages
b. Une souris qui fait son nid

6/ Rater la messe c'est :

a. Rater un rendez-vous avec le Seigneur
b. Rater l'occasion de se faire inviter au cocktail des Patacru
c. Rater l'air extasié d'Henri de Kerfouette en train de communier

7/ Votre rêve secret :

b. Savoir coudre
a. Devenir Présidente de l'A.P.E.L.
c. Rencontrer Julien Doré

8/ On sonne chez vous à dix heures du matin

a. Sympa ! J'allais justement boire un café !
c. Vous vous éloignez sur la pointe des pieds en baîllonnant le dernier
b. Vous continuez à téléphoner comme si de rien n'était

9/ On sonne chez vous à onze heures du matin

a. Sympa ! J'allais justement faire du thé !
b. Vous hurlez "putain ! mais c'est qui encore !"
c. Vous ouvrez à poil

10/ Satan se cache derrière :

a. Internet
b. le PSG
c. Mickey

11/ Si vous surprenez votre voisine en train d'embrasser votre généraliste :

b. Vous êtes choquée
c. Vous êtes ravie
a. Vous allez devenir intéressante...

Vous avez un maximum de a

Je suis ravie car vos efforts ont payé. Vous faites plaisir à voir quand on vous sent aussi à l'aise ici. Dans une semaine on vous présentera comme un pilier de la ville et vous l'aurez mérité !

Vous avez un maximum de b

Je suis un peu inquiète. Vous vous reposez sur vos lauriers, faites-en un peu plus. Achetez-vous une trotinnette et passez à l'improviste chez vos voisines, lançez une soirée "Jeux de société, desserts à volonté" avec les Glairon.

Vous avez un maximum de c

Je suis désolée mais vous n'avez pas votre place ici. Je dirais même plus : on vous déteste. Cassez-vous.

3 / VIE CULTURELLE : LE DÉSERT ? VIE SPIRITUELLE : LA LUMIÈRE !

• De la flûte enchantée à la foire aux boudins

On peut dire que pour l'instant vous avez joué le jeu de la Province plutôt gentiment. Socialement et familialement en tout cas. Vous vous êtes pliée aux us et coutumes sans broncher, vous avez cramé vos allocs en bavoirs brodés, vous avez consacré un peu de votre temps à la kermesse et à la caissière, il est temps d'aller un peu plus loin dans la découverte du paysage et d'occuper plus sainement votre esprit. Car à force de polémiquer sur la tenue outrancière de la petite Patacru et de hurler "Tire ta chasse d'eau Juju !" chez vous, vous avez peur de devenir une vraie quiche. Vous décidez de chercher un moyen de vous élever un peu culturellement et vous vous lancez à la découverte du patrimoine local. Certes les expositions ne sont pas nombreuses mais vous ne faites pas la queue, ce qui est plutôt agréable. Vous visitez les remparts et la cathédrale histoire de mourir moins conne, vous vous risquez à aller une fois au théâtre, puisqu'à Paris cela vous semblait cher et compliqué, vous comprenez vite que ce n'est pas le genre d'activités dans laquelle il faut se lancer ici... Vous êtes partie avant la fin, le théâtre national proposait une mise en scène ultra contemporaine avec des gens à poil qui hurlaient des vers de Racine en faisant des bonds. JP s'est endormi

rapidement et vous avez fait une croix sur la culture locale.

Le week-end, vous emmenez les enfants à la fête de l'âne et du poney, à la foire de la confiture et à la journée de la ligue de protection des mulots. Vous n'avez pas le sentiment d'en sortir plus intelligente mais dans le fond, en famille, c'est quand même nettement moins pompant que le zoo de Vincennes que vous avez arpenté de long en large plus de huit fois, ou les Tuileries les jours de beau temps, qui vous donnent la vilaine impression de respirer plus de poussière que d'oxygène. Dix minutes pour sortir de la rocade contre une demi-heure pour aller de la Porte Maillot au Parc de Versailles, pour une fois vous vous dites que le jeu en valait peut-être la chandelle…

• La tournante de livres

On a appris que vous aimiez lire et que vous étiez en manque intellectuel, on pense secrètement que vous êtes en manque spirituel : de bonnes dames prient pour le salut de votre âme. Quoiqu'il en soit on vous propose de participer à une tournante de livres. Le principe est simple : tous les mois vous vous réunissez entre filles (encore !!!), vous dînez ensemble, vous échangez des bouquins et les avis qui vont avec. Ça vous fait rudement plaisir qu'on puisse compter sur vous, grande intellectuelle devant l'Eternel, pour parler littérature et vous espérez que vous serez à la hauteur. Vous imaginez déjà un cercle assez fermé, où les grands esprits féminins vont se rencontrer et échanger des secrets comme dans un salon de la Marquise de Sévigné.

Vous arrivez fièrement avec votre livre de chevet, *Le Maître des Illusions*, vous l'avez recouvert avec du papier kraft parce que vous y tenez beaucoup, vous avez préparé un petit topo sur l'auteur, histoire de ne pas passer pour une courge si jamais il y avait quelques tronches intéressées par le sujet, et vous vous retrouvez avec un roman de Maupassant que vous avez déjà lu en troisième. Comme vous osez dire que vous le connaissez on vous refile la biographie de Pie VIII, ah ! ce petit recueil vous laisse muette, vous admettez que vous n'en aviez même pas entendu parler : tant mieux, c'est l'occasion de lire autre chose et de diversifier vos lectures.

Open comme vous l'êtes vous dévorez le bouquin qu'on vous a prêté, pas super passionnant mais vous attendez la prochaine tournante pour récupérer le dernier Claudel, un de vos auteurs favoris, que vous avez aperçu entre les mains d'une lectrice. Fidèle au second rendez-vous, vous êtes impatiente de savoir ce que Mirza Machin a pensé du roman de Dona Tart que vous lui aviez si généreusement confié : elle vous explique en deux mots qu'elle ne l'a pas lu, que c'est bizarre comme truc, qu'à la page vingt elle l'a lâché. Bref cette imbécile n'a rien compris, ça vous agace, vous lui balançez Pie VIII, trente pages écrites en très très gros et finalement pas beaucoup de suspense.

Y a de quoi être déçue par l'allure que prend la réunion où, plutôt que de se pencher sur les derniers écrits de Houellebecq, votre voisine évoque les problèmes de régurgitation de sa dernière. Tout le monde lui propose sa solution, une tierce personne s'empare de votre roman fétiche, pèse le pavé, soupire et se demande si elle sera capable de lire autant de pages d'un coup ; ça semble la tracasser, ça vous désespère. Dommage car le livre suivant est un roman d'Anna Gavalda que vous avez lu il y a belle lurette, vous signalez que vous passez votre tour, tout le monde s'en fout car Chrystelle Bouzard vient de soulever un lièvre : elle prétend que Chignon-Perle se prend des mufflées le matin chez elle. Le sujet mérite de l'attention et vous craignez que les réflexions littéraires auxquelles vous aspiriez n'intéressent strictement personne. Que vous êtes naïve !

• Un avis sur tout, un œil sur rien

Juste pour rire, hier, alors que vous traîniez dans un PETIT café pour vous empiffrer des cookies de Camilla, vous avez demandé à l'assemblée ce qu'elle pensait des œuvres de Koons à Versailles. Bon, OK, c'était pour rire. Vous espériez soulever un petit scandale, entendre Béné hurler que c'est une honte et voir Marion Duval (qui elle-même est une grande artiste) clamer que le *lobster* dans le salon de Marie-Antoinette est une hérésie, au lieu de ça votre question est tombée à plat, personne n'a compris de quoi vous vouliez parler. À Paris vous auriez pu avoir le plaisir de vous faire l'avocat du diable en affirmant que Koons se foutait du monde avec son homard en plastique : on vous aurait traitée de néophyte, de réac et d'inculte. Ici pas la peine de parler de culture contemporaine, Béné part du principe que depuis Mozart on n'a rien fait en musique, et vos amies dans l'ensemble, sont très méfiantes vis-à-vis des artistes d'aujourd'hui, Chrystelle sait même que Balzac et Tolstoï (dont elle n'a rien lu) doivent se retourner dans leurs tombes à chaque attribution du prix Goncourt (elle n'en a jamais feuilleté un seul). Si, à Paris, vous vous deviez de savoir qui exposait au Palais de Tokyo ou au Musée d'Orsay, sans avoir trop l'intention d'y aller, vous pouvez désormais mettre ces réflexes de côté. Koons préoccupe bien moins Béné que la chute de Marie-Tulipe dans les escaliers quand elle a appris que son mari sautait l'infirmière de l'école. De toutes les façons Marion, dont les avis sont toujours passionnants, part du principe que notre société est dirigée par une poignée de véreux, que le monde dans lequel nous vivons est pourri et qu'on nous sert de la daube dans les musées. Vous voilà prévenue : le Grand Palais et les courts-métrages hollandais, tout ça c'est terminé. En revanche vos amies resteront toujours incollables sur la religion et vous saurez qu'à défaut de pouvoir vous rassasier culturellement, vous pourrez vous élever spirituellement, car à les écouter vous en avez sans doute grand besoin.

TEST
Quel type de provinciale êtes-vous ?

1/ Si Katy Boulard vous confie qu'elle trompe son mari…

a. Vous ne le répétez à personne mais vous lui faites la morale

b. Vous en parlez juste à Béné pour savoir ce qu'elle en pense

c. Elle vous dégoûte et vous allez tout faire pour que son mari l'apprenne

d. Il faut dire que ce pauvre Alain Boulard est d'une laideur…

2/ Vous vous déplacez :

a. En voiture, en sillonnant la ville de long en large à cause de vos multiples engagements

b. En vélo, mais les voitures ne respectent absolument pas les priorités

c. En bus, pour admirer le paysage

d. En rollers mais c'est un peu dur dans la boue

3/ Vous préparez les jeunes :

a. Au mariage dans votre paroisse

b. À l'avenir car ça risque d'être difficile

c. À cracher sur les parisiens

d. À se méfier du Net

4/ Vous souffrez :

a. De votre programme trop chargé, vous n'avez pas une minute à vous

b. Du périphérique trop encombré à cause des Parisiens qui partent en vacances

c. Du manque de disponibilité de votre dentiste (c'est le meilleur de la ville)

d. Du manque d'originalité des gens

5/ Si vous allez à Paris c'est pour :

a. Voir Klimt

b. Voir le Pape

c. Vous n'allez plus jamais à Paris

d. La soirée "à plumes et à poil" de votre meilleure amie

6/ Vous trouvez qu'ici :

a. Les chantiers éducatifs sont ultra dynamiques

b. Les Parisiens font monter les prix

c. On a la plus belle patinoire olympique de France

d. On manque d'un endroit correct pour les concerts

7/ Il y a des nouveaux dans l'école !

a. Vous organisez l'accueil de Madame autour d'un café

b. On n'a pas besoin d'eux, ils prennent trop de place avec leur 4X4

c. Vous voulez savoir d'où ils viennent

d. Honnêtement vous vous en foutez

8/ Vous aimez organiser :

a. La bourse aux vêtements de l'école

b. Vous n'organisez plus rien car vous êtes toujours toute seule à bosser

c. Les dîners de chasse

d. Des soirées déguisées

9/ Au dernier cours de réfection de fauteuils :

a. Vous avez terminé votre boulot : deux bergères en tissu bayadère

b. Vous étiez jalouse du boulot de Katy : c'est la prof qui lui a tout fait

c. Vous avez remercié la prof pour son boulot : faut dire que c'est une des meilleures ouvrières de France

d. Vous n'y étiez pas car vous avez laissé tomber il y a longtemps

10/ Vous allez coller une claque :

a. À Raoul Boulard qui traite votre fille de naine

b. À Katy Boulard qui a dit à Odile Glairon que vous n'en foutiez pas une ramée pour la kermesse de l'école

c. À la nouvelle qui trouve que dans cette ville on ne trouve rien

d. À Béné qui vous colle de plus en plus

Réponse :

Vous avez un maximum de d : Vous vous êtes plantée. Vous êtes à côté de la plaque et vous n'avez pas assimilé les codes de la Province. Un choix s'impose : rester et s'intégrer ou partir et ne plus revenir.

Vous avez un maximum de c : Vous êtes provinciale et fière de l'être. Vous aimez cet endroit, vous trouvez même qu'il n'existe pas mieux ailleurs. Vous osez dire que ça ressemble un peu à Paris sans tous ses inconvénients, vous aimez tout et vous ne supportez pas qu'on critique le lieu où vous vivez. Idéal pour les enfants (l'air est très pur), idéal pour les étudiants (on possède les meilleures facs), idéal pour les couples (on a été élue "meilleure ville où il fait bon vivre en France")" et idéal pour les vieux (on a les meilleurs hôpitaux de France). Vous êtes la provinciale qui s'assume.

Vous avez un maximum de b : Vous êtes amère et acariâtre. Vous vous régalez du malheur des autres, vous aimez les histoires sordides, vous détestez les gens qui réussissent. Vous êtes complexée, vous pensez que les Parisiens vous regardent de haut, vous les haïssez. C'est moche de vous dire ça mais vous sentez le moisi. Vous êtes la provinciale aigrie.

Si vous avez un maximum de a : On vous applaudit ! Vous êtes la star locale. Vous menez de front une vie pleine d'activités en tout genre, vous êtes la reine de l'organisation, vous êtes au courant de tout, vous connaissez tout le monde, vous êtes invitée partout et on vous reçoit beaucoup. À l'A.P.E.L., à la paroisse, aux PETITS cafés, derrière votre machine à coudre et dans les dîners mondains, on vous voit et on vous admire : vous êtes la provinciale accomplie.

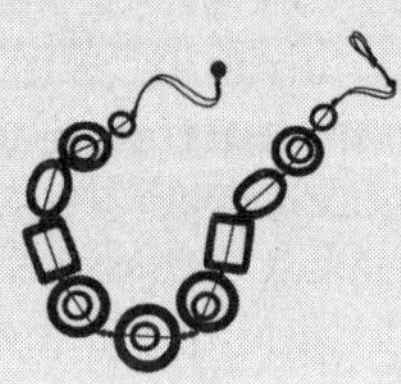

C - ET PARIS, ALORS ?

• Paris est loin...

De temps en temps vous avez vos copines au téléphone. Vos VRAIES copines, vos copines d'enfance, vos copines de bureau, vos copines de shopping, bref, celles qui savent que ça vous est déjà arrivé de terminer à poil lors d'un strip-poker, toutes celles qui savent et que ça fait rire. Parce que ce passé et ce côté de votre personnalité, vous l'avez bien caché à vos nouvelles amies. Vous avez déjà imaginé la tronche de Béné si elle apprenait qu'on vous a élue Miss Tshirt mouillé pendant le bizutage de votre école ? Ah ça non ! Vous ne vous en êtes pas vantée lors du dernier PETIT café ! Non... vous avez préféré évoquer votre rencontre avec JP en canoë kayak sur les bords de la loire ou encore votre premier accouchement... Toujours est-il que les histoires de Gégène et votre vieille copine célibataire, vous manquent comme un macaron de chez Ladurée et que vous donneriez votre cuisse droite pour une soirée avec votre bande de potes. Vous pensez avec nostalgie aux vitrines de Noël du Bon Marché, aux illuminations de la Tour Eiffel ou à la roseraie de Bagatelle, vous pensez qu'il est temps d'y faire un tour, JP vous a toujours dit qu'en deux heures de train l'affaire était bouclée... le gros malin ! Quand vous pensez que vous l'avez cru !

Mais force est de constater que ce n'est pas aussi facile que prévu, l'aller-retour dans la journée qu'on vous a fait miroiter ressemble au parcours du combattant. En enlevant les heures de voiture, train et métro vous avez calculé qu'il vous restera à peine six heures pour déjeuner avec la bande à Jojo, prendre un café avec Gégène, arpenter le Conrad Shop et embrasser Stan à la Madeleine, à cent trente euros l'aller-retour ça fait cher le bonjour aux copains... D'autant plus que pendant ce temps il aura fallu prévoir la garde des enfants jusqu'à votre retour. Bref, vous avez beau vous persuader que c'est jouable vous reconnaissez que c'est vraiment décourageant.

Tant pis, vous choisissez un week-end en emmenant les enfants. Vous négociez un coin de canapé avec vos parents, vous casez les lardons chez les parrains-marraines et vous partez. Un pied posé gare Montparnasse et c'est le paradis. Vous aviez oublié... L'odeur, le bruit, les pigeons, les embouteillages, les beaux mecs, tout vous semble merveilleux, ou plutôt tout vous semble VIVANT. Vous trouvez les gens élégants, les hommes séduisants et la Tour Eiffel brillante. Vous avez l'air tellement gentille et contente qu'à chaque escalator il y a quelqu'un pour vous proposer de porter vos bagages et votre poussette. Paris vous enchante, Paris vous a manqué. Vous enlevez votre costume de mère parfaite et de femme soumise, vous enfilez votre tenue de combat, vous ôtez la boue de Crapouville collée à vos talons et vous vous mettez à hurler : tu m'as manqué vieille branche !!

TEST
Avez-vous la "Province attitude" à Paris ?

1/ En prenant le métro, vous avez l'impression :

a. Que ça pue le pipi
b. Que ça vous étouffe
c. Que ça sent la tendance

2/ À Paris :

a. Tout est trop grand
b. Tout est pourri
c. Tout est permis

3/ Quand on parle des "Parisiennes" :

a. On parle de leur arrogance
b. On parle de leur élégance
c. Le mot "Parisienne" ça fait Province

4/ L'anonymat des rues de Paris c'est :

a. Cruel
b. Divin
c. Un leurre

5/ Si je vais à Paris j'en profite pour :

a. Aller à l'Opéra
b. Flâner aux Batignolles
c. Faire la bise à Mémé

6/ À Paris vous avez l'impression que les gens :

a. Vous jugent
b. Vous épient
c. Ni l'un ni l'autre

7/ Au volant place de l'Étoile vous vous sentez :

a. En danger
b. Revivre
c. Maître des lieux

8/ À quels signes reconnaît-on un provincial :

a. À ses chaussures bateau
b. À son drapeau basque
c. À sa façon de s'asseoir sur un strapontin

9/ Vous pensez que :

a. Paris c'est bien pour un week-end
b. Lyon c'est Paris en plus petit
c. Ça balance pas mal à Paris, ça balance aussi...

10/ Finalement...

a. À Paris on court tout le temps, c'est usant
b. À Crapouville vous avez tout ce qu'il vous faut
c. Mais qu'est-ce qui vous a pris de quitter Paris ?

Vous avez un maximum de a

C'est parfait. Vous avez la Province attitude à Paris, vous êtes même un cliché. Vous pensez qu'il n'y a que les tarés pour habiter Paris et que métro-boulot-dodo ça n'est pas votre truc. Vous aimez la Province, son rythme de vie et son air frais. Vous n'échangeriez pour rien au monde, vous détestez les Parisiens et tout ce qu'ils représentent, vous souhaitez vraiment qu'au lieu de polluer vos plages, vos pistes ou vos quatre voies, ils restent chez eux.

Vous avez un maximum de b

C'est pas mauvais du tout. C'est un bon début, il vous manque encore un peu de la cheftaine-attitude avant d'être une provinciale accomplie. Forcez un peu le talent dans les chapelets entre copines, singez un peu plus vos amies au marché : vous y êtes presque !

Vous avez un maximum de c

C'est nul. Les efforts n'y sont pas, vous jetez de la poudre aux yeux et c'est tout. Ce n'est pas à ce rythme que vous pourrez dans quelques années orchestrer les soirées de rallye de l'aîné. Dites-vous bien une chose :

LA PROVINCE ON L'AIME OU ON LA QUITTE…

• Paris vous nargue

Cette petite virée au cœur de la capitale vous a fait du bien même si vous avez trouvé ça dur. Dur de ne faire plus vraiment partie du décor, dur de réaliser que vous avez pris deux ans de retard au niveau des fringues, dur de voir la famille, les potes et le Louvre en quatre jours, et dur toutes les remarques qu'on vous a balancées. Quand Gégène vous a dit que vous aviez un look rétro vous avez quand même souri, quand vous avez annoncé que vous alliez voir Picasso au Grand Palais et que Max a hurlé "Tu t'es concocté un programme culturel ! Comme les vieux qui montent à la Capitale !!" ça vous a un peu vexée, et quand le nouveau mari de Coco vous a demandé "Ça te fait quoi de revenir à Paris ?" vous avez carrément pris la mouche. Vous lui avez rétorqué que c'était pas des petits provinciaux qui allaient vous apprendre la vie, que vous aviez habité plus de trente ans à Paris, contrairement à lui qui a passé toute son enfance à Grenoble, donc qu'ici c'est chez vous et que vous n'habitez pas non plus la brousse. "Oh ! Mais ne sois pas aussi susceptible, a répondu votre sœur en faisant un clin d'œil à Coco, tu commences à ressembler aux provinciaux qui se sentent agressés dès qu'on se permet de critiquer leur ville… Tu sais, ça me fait penser à notre cousine Hermine qui défendait les couleurs de la Bretagne quoiqu'il arrive… tu te rappelles pas ? Elle nous faisait chier avec son micro-climat !". Vous n'en avez pas dormi de la nuit, et même en investissant dans une paire de low boots à quatre cents euros, vous savez que c'est peine perdue : vous êtes passée malgré vous de l'autre côté. C'est la claque.

Dans le TGV vous vous remettez en question, vous essayez de cocher les points positifs de votre vie en Province. Vous avez une maison, un jardin et un chien, et vous êtes à quarante minutes de la plage, que demande le peuple ? En y réfléchissant bien, votre condition deviendrait peut-être supportable si vous arrêtiez de comparer votre vie et celle d'avant, et surtout si vous arrêtiez d'essayer de trouver des qualités parisiennes à votre bled. Il n'en aura jamais, mais il a d'autres avantages que vous pouvez quand même trouver avec un zeste de bonne volonté. Qui a fait un barbec' la semaine dernière dans son jardin ? Qui a nagé dans une piscine d'eau salée face à la mer toute l'après-midi ? Qui s'est fait une balade en calèche samedi, offerte par la municipalité avec un cours sur les nids d'écureuil ? Qui a mangé des châtaignes fraîches au coin du feu avec ses enfants hier, hein ? Cet exemple n'est pas le meilleur car à Paris, vous mangiez des châtaignes l'hiver et rien que d'en parler, ça vous rappelle l'odeur des Grands Boulevards…

Six FAUX CLICHÉS sur la Province

"Pour le prix d'un trois pièces à Paris tu as un hôtel particulier en Province"

Cela n'a jamais été le cas et maintenant que l'immobilier a grimpé c'est encore moins vrai. Vous aurez, certes une plus grande surface, mais il ne faut pas rêver...

"Avec le TGV, tu peux aller à Paris comme tu veux"

Faux, parce que le TGV c'est cher et même si vous n'avez que deux heures de train, vous n'habitez généralement pas devant la gare.

"À l'heure d'Internet, il n'y a plus tellement de différences entre Paris et la Province"

Il n'y en a jamais eu autant...

"À Rennes, t'es à quarante minutes de la plage..." "À Chambéry t'es au pied des pistes"

Et alors ? La plage c'est sympa de juin à septembre, et puis si on aime vraiment la mer autant habiter juste au bord. On ne s'aventure pas en Province en partant du principe que c'est à une heure et demie du ski ou à moins de deux heures de la Méditerranée, d'abord parce que le prix de l'essence et du forfait de ski est le même en Province et ensuite parce que ce qui compte, c'est ce que l'on trouve sur place.

"Il n'y pas qu'à Paris où on peut aller au théâtre ou voir des expos"

Si. Il n'y a qu'à Paris. Les bonnes pièces, les bonnes expos, à quelques exceptions près, sont à Paris (d'ailleurs, avez-vous trouvé l'équivalent de *Pariscope* ici ?).

"En Province on vit beaucoup mieux"

Si vous parlez de la qualité de l'air, de la superficie de votre résidence principale et du prix du rôti, c'est vrai, vous avez tout à y gagner. En revanche, il faut savoir aussi que les salaires sont divisés par deux…

• L'image de Paris en Province

Méprisants, envahissants, richards et salopards : telle est l'image que véhiculent partout les Parisiens. Dès qu'ils arrivent en vacances les régionaux de l'étape ont l'impression qu'on leur vole un peu de leur air. Dans l'inconscient de Béné, la Parisienne est une garce, elle se dit tout bas "Parisienne tête de chienne", elle les déteste. Elle qui organise des soirées de rallye pour sa fille aînée, ne supporte pas quand les noms de quelques parisiens se glissent dans la liste des invités. Elle vous explique qu'ils se tiennent très mal, que les filles sont toutes à poil, que leurs mœurs sont débridées et leur attitude extrêmement arrogante face à celles de leurs jeunes filles qui se "préservent". "Et ça y va dans les fourrés..." vous a-t-elle même glissé à l'oreille en signe d'immense désapprobation. Vous ne pouvez pas résister à prendre l'air extrêmement choqué même si vous pensez tout bas que Béné ça doit lui taper sur les nerfs quand elle voit son petit boudin de seize ans rester sur le carreau, détrônée par quelques créatures dont vous pouvez facilement imaginer l'allure. Et Béné vous explique que lorsque tous ces cons de parigots (elle devient vulgaire), débarquent dans son pays (le Finistère Nord, grand fief des Kerfouette depuis des décennies) en bottes et en ciré, elle a envie de les massacrer. Ils sont "m'as-tu-vu", ils se prennent en l'espace de quinze jours pour des Bretons en criant Kenavo ! et en mangeant des crêpes, Béné ça la rend dingue cette affaire de Parisiens. Vous n'en croyez pas vos oreilles, vous n'avez jamais vu votre amie dans un état pareil. Pourtant chaque fois que vous avez effleuré le sujet avec d'autres, les réactions ont été similaires. Chrystelle Bouzard dit qu'ils ont tout vu, tout fait mais qu'ils sont pas fichus d'aller traîner dans la moindre expo, que ses cousins de Paris la font marrer : ils ne sont même jamais allés en haut de la Tour Eiffel ! La dernière fois qu'elle est montée à la Capitale, ils l'ont très mal reçue : personne ne l'attendait sur le quai de la gare, elle a dû se démerder pour prendre seule le métro (bonjour l'angoisse, que des gens qui font la tronche et des déglingués sur chaque strapontin) et ses cousins l'ont envoyée faire du bateau-mouche avec ses gniards une journée entière, de toute façon c'est pas dans leur appartement de cinq pièces qu'elle aurait pu s'éclater, au bout de vingt-quatre heures elle manquait d'espace. Ils n'avaient rien prévu pour le dîner, tout juste une pizza achetée sur le pouce, elle les a trouvés effrayants car lorsqu'ils étaient venus elle s'était mise en quatre pour leur offrir un brunch sur le thème du pamplemousse. Des barbares… Katy Boulard, quant à elle, prétend que Paris ça craint de plus en plus, chaque fois qu'elle voit des reportages sur les trafics de drogue et d'armes elle se demande pourquoi les gens restent là-bas, à croire qu'ils sont masos. On est tellement mieux ici… Sauf que depuis qu'ils arrivent en masse avec des billets plein les poches, l'immobilier a grimpé et si on est serrés c'est de leur faute.

Toutes ces considérations vous laissent sceptique. Vous essayez de vous souvenir de ce que vous pensiez des provinciaux avant d'arriver là, à vrai dire pas grand-chose. En tout cas vous êtes sûre de n'avoir nourri aucune rancœur vis-à-vis d'eux, juste un peu de pitié de ne pas habiter Paris... Bref, pour être certaine de passer pour une provinciale accomplie, n'hésitez plus à balancer tant et plus sur les "Parisiens", cette race à part qui défrise Béné et son groupe de copines.

• Vos amis viennent vous rendre visite

Ils arrivent !! Ils viennent vous voir !! La première fois que des copains ont débarqué de Paris chez vous, vous étiez ravie. Contente de les revoir, des tonnes de choses à leur raconter et à leur montrer. Vous avez organisé un week-end intense, bourré d'activités en tout genre afin de leur démontrer qu'on ne s'ennuyait jamais : le marché pour se la jouer nature et bio, la vieille ville pour leur livrer les secrets de la culture locale et leur exposer les richesses du patrimoine et une matinée à la plage pour prouver que c'est possible. Bref, tout pour les dépayser, les amuser et leur donner envie de revenir dans cette région folklorique et pleine de surprises. Tout s'est bien passé, ils se sont extasiés devant les colombages médiévaux (JP leur a raconté la vie des chevaliers), devant la beauté des légumes et le petit spectacle de bourrée proposé par trois tondus, ils ont trouvé ça génial de pouvoir pique-niquer devant l'océan, ils en ont conclu que vous aviez une chance inouïe. Le dizième fois que des copains sont arrivés vous en aviez ras la casquette de la visite des cinq rues pavées que vous connaissez par cœur, des "comme c'est mignon !" devant les trois bacs à géraniums fleuris de la Place de la Mairie, ras le bol de la dégustation de confiture d'oranges amères au marché, vous n'avez pas pris l'option balade sur le sable tellement ça vous saoulait d'aller vous peler les miches à la mer. En plus vous savez qu'ils mentent lorsqu'ils prétendent vous envier : vous aussi avant, lorsque vous alliez déjeuner chez votre belle-sœur à Rambouillet vous trouviez ça canon, mais juste pour une aprèm, car à la nuit tombée vous commenciez à avoir le cafard.

Du coup, vous avez arrêté de les supplier de venir. À chaque fois qu'ils repartaient vous aviez envie de pleurer et de vous glisser dans le coffre. Désormais c'est vous qui allez à Paris, et en bonne provinciale que vous êtes, vous exigez un tapis rouge et une disponibilité de tous lorsque vous arrivez. Votre programme est chargé !

CONCLUSION 1

PARI BRISÉ

Vous craquez. Au bout de trois ans, vous craquez complétement, vous avez l'impression qu'on vous a enterrée vivante et qu'il est temps de retourner à l'air libre. Que votre vie n'est pas dans un trou mais à Paris. Un soir vous expliquez à Jean-Pierre que la partie est terminée et qu'il vous tarde de regagner vos pénates. Que vous avez essayé, pourtant, mais que vous avez échoué, que c'était une expérience enrichissante mais que vous ne recommencerez pas avant d'être à la retraite. Que toutes les promesses qu'il vous avait faites n'ont jamais été tenues, qu'au lieu d'avoir un mari qui rentre tôt dans la semaine vous êtes seule la majeure partie du temps, qu'il se barre même le week-end avec son chien, que la Mini qu'il devait vous offrir s'est métamorphosée en braque allemand, qu'à force de voir des dindes au cerveau irrigué à l'eau plate vous allez devenir tellement débile qu'il va vous quitter, que la plage à quarante minutes balayée par le vent et la pluie vous ne pouvez plus la voir en peinture, bref que c'est la déchéance sociale, culturelle et financière. Toutes vos virées à Paris ont été un crève-cœur et à chaque retour vous avez mesuré l'étendue de ce que vous aviez perdu. Vos amis ne sont pas en Province, ils sont à Paris, ils ont gardé l'esprit libre même s'ils respirent beaucoup d'azote et quand ils vous parlent des dernières expositions du Palais de Tokyo qu'ils n'iront jamais voir, ça vous plonge dans un abîme de chagrin. Souvent, vous ne vous reconnaissez pas dans votre miroir, à force de tout subir vous devenez ridée, ça va coûter cher en botox à JP… Pourtant vous vous couchez de plus en plus tôt pour écourter les journées et vous mangez les fraises de votre jardin pour avoir le teint frais, mais ça ne vous suffit pas pour avoir bonne mine. La dernière fois que vous avez remonté les Champs pour rentrer vous coucher, tard dans la nuit, vous êtes restée médusée par l'animation qu'il y régnait. À Paris chaque station de métro vous rappelle quelque chose, chaque coin de rue vous parle, chaque monument vous émeut, chaque moment vous est précieux, votre vie est là-bas.

Vous avez fait un grand pot de départ et vous avez invité tous ceux que vous aviez croisés. Finie la mascarade, vous avez tout commandé chez Picard et bazardé votre kit d'initiation Flexipax. Ils étaient désolés pour vous, ils se sont demandé comment vous alliez faire pour vivre à Paris et tenir le rythme. Vous, vous ne vous êtes jamais demandé comment vous alliez faire sans eux. Vous voulez retrouver une vie normale, avec des problèmes de nounous, des embouteillages et surtout, surtout, hurler "92 la bouze !" place de l'Étoile.

CONCLUSION 2

PARI TENU

Pour rien au monde vous ne reviendriez à Paris. Quelques jours en novembre dernier vous ont suffi et vous avez retrouvé votre bonne vieille ville de Province avec joie, vous trouvez que Paris, avec les enfants, c'est im-pos-sible. Il y a trop de monde, pas assez d'espace et les gens sont épouvantables, toujours pressés, désagréables et pendus à leur portable. Rien à voir avec la chaleur humaine que la Province vous offre, pour un empire vous n'échangeriez pas votre place, vous aimez le marché du jeudi, les potins de la pharmacienne, les vieilles dames du quartier qui vous donnent les pommes de leur jardin, les échanges d'enfants avec Béné et Nadège, les promenades du dimanche au bord de l'étang et les bourses aux vêtements que vous organisez dans le quartier. Dès le mois de septembre vous attendez avec impatience les nouveaux et vous vous précipitez sur toutes les nouvelles plaques d'immatriculation du parking de l'école, bref vous avez acquis tous les réflexes qu'il faut pour vivre heureuse.Vous êtes même sur le point d'organiser un atelier afin de réaliser quelques bijoux au profit de l'A.P.E.L.

Vous vous demandez comment votre belle-sœur supporte avec deux enfants son trois-pièces aux Batignolles, d'ailleurs vos neveux vous font pitié avec leurs mines de morts-vivants. Ici les petits sont bronzés dès que le printemps arrive, il faut dire qu'en juin vous étiez tous les week-ends à la plage jusqu'à pas d'heure, JP s'apprête même à passer son permis bateau. Vous avez trouvé un petit mi-temps super sympa, à dix minutes en voiture de votre maison, qui vous permet de récupérer les enfants à la sortie de l'école tout en vous aérant un peu les neurones : quand vous repensez à l'époque où vous sortiez de réunion à dix-neuf heures en courant pour foncer chez la nounou, ça vous fait horreur. JP a bien fait d'insister, vous ne lui direz jamais assez merci. Lui aussi s'éclate, il s'est lancé dans les concours de beauté canins et… vous avez, quant à vous, le projet d'agrandir votre famille, merci qui ?

Pour ceux et celles qui veulent égayer une soirée verveine-scrabble chez les Glairon et montrer qu'ils sont de vrais provinciaux, voici en exclusivité :

LE QUIZZ DES VILLES DE PROVINCE

1/ Quelles sont les villes qui possèdent un métro ?

a. Rennes et Lyon
b. Nantes et Marseille
c. Caen et Perpignan

2/ Où se déroule le Festival des Vieilles Charrues ?

a. En Alsace
b. Dans le Lot
c. En Bretagne

3/ Qu'est-ce que le festival d'Angoulême ?

a. Un festival de country
b. Un festival de BD
c. Un festival de chant lyrique

4/ La sabodet, c'est

a. Un cheval alsacien
b. Une danse rennaise
c. Un saucisson lyonnais

5/ Le Palais des Rois de Majorque est à :

a. Nice
b. Perpignan
c. Angers

6/ Orléans est traversé par :

a. La Loire
b. La Seine
c. Aucun fleuve

7/ Après Paris, le baron Haussmann a modernisé :

a. Cholet
b. Metz
c. Toulon

8/ Qui éloigna Attila de Paris ?

a. Vercingétorix
b. Sainte Geneviève
c. Obélix

9/ Les habitants du Mans sont les :

a. Manceaux
b. Mançois
c. Mancenais

10. Le nom de Lille provient :

a. D'une île sur la Deule
b. De Saint Lille
c. D'une tribu Viking

Réponses :

1. Rennes et Lyon possèdent un métro

2. Le Festival des Vieilles Charrues c'est l'histoire d'une fête de village improvisée devenue le principal festival de musiques de l'été en Bretagne (mélange de rock, de chanson française, de reggae, de techno ou de java), ses organisateurs sont des militants bretons.

3. Chaque année depuis 1974, le Festival International de la Bande Dessinée (le "neuvième art") se déroule à Angoulême.

4. Le sabodet est un saucisson à cuire à base de tête de porc, spécialité de la région beaujolaise. (*Ça nous en bouche un coin. Fais péter le sabodet, JP !*)

5. Le palais des rois de Majorque a été construit dans le dernier quart du XIIIe siècle par le roi Jacques II de Majorque qui s'installe à Perpignan en 1276.

6. Orléans est traversé par la Loire et cinq ponts permettent le franchissement du fleuve. (*Orléans est même situé dans le coude septentrional de la Loire, tu savais ça Béné ?*)

7. Le Baron Haussmann qui a complètement modernisé la ville de Paris au XIXe siècle fut préfet du Var, et c'est lors de l'agrandissement de Toulon ordonné par Napoléon III qu'il exécuta ses premiers "prototypes d'architecture" dans la haute-ville qui n'était alors qu'un vaste champ.

8. En 451, Attila franchit le Rhin et envahit la Gaule. Les Parisiens veulent fuir. Geneviève les convainc de demeurer dans la ville : «Que les hommes fuient, s'ils veulent, s'ils ne sont plus capables de se battre. Nous les femmes, nous prierons Dieu tant et tant qu'Il entendra nos supplications.» Elle rassemble les femmes de Paris et leur demande de supplier le Ciel d'épargner leur ville. C'est ce qui se produit.

9. Les Manceaux et les Mancelles.

10. D'une île sur la Deule, (*Passionnant, n'est-il pas ?*)

Crapouville-Les-Fougères,
février, 2009

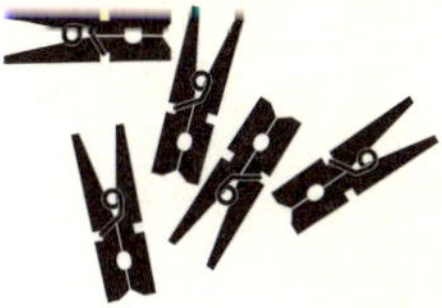

Table des matières

Achevé d'imprimer par Corlet, Imprimeur, S.A. - 14110 Condé-sur-Noireau
N° d'Imprimeur : 119646 - Dépôt légal : mars 2009 - *Imprimé en France*